Contraste insuffisant
NF Z 43-120-14

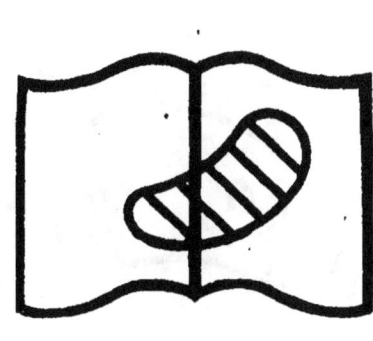

Illisibilité partielle

Valable pour tout ou partie
du document reproduit

Original en couleur
NF Z 43-120-8

Couverture inférieure manquante

BOFFILLE DE JUGE

COMTE DE CASTRES

ET

LA RÉPUBLIQUE DE VENISE

PAR

P.-M. PERRET.

Extrait des *Annales du Midi*, tome III.

TOULOUSE
ÉDOUARD PRIVAT, IMPRIMEUR-LIBRAIRE
45, RUE DES TOURNEURS, 45

1891

BOFFILLE DE JUGE

COMTE DE CASTRES

ET

LA RÉPUBLIQUE DE VENISE

PAR

P.-M. PERRET.

Extrait des *Annales du Midi*, tome III.

TOULOUSE
ÉDOUARD PRIVAT, IMPRIMEUR-LIBRAIRE
45, RUE DES TOURNEURS, 45

1891

BOFFILLE DE JUGE

COMTE DE CASTRES

ET LA RÉPUBLIQUE DE VENISE[1]

Après la mort de son lieutenant général, Robert de San Severino (13 août 1487)[2], et après avoir traité avec Sigismond d'Autriche (13 novembre 1487)[3], la Seigneurie de Venise, désormais en paix avec tous ses voisins, estima pouvoir se passer d'un lieutenant général, la plus haute dignité de ses chefs d'armes, et se contenter d'un capitaine général, sa seconde dignité militaire[4]. Elle s'adressa à un homme de guerre fort

---

1. Nous n'avons pas prétendu, dans le travail qui suit, à composer une biographie complète de Boffille de Juge ; outre que nous n'en avions pas le loisir, des éléments essentiels, tels que les documents possédés par M. de Mirepoix et que MM. Delisle et de Boislisle ont signalés récemment (*Annuaire-Bulletin de la Société de l'histoire de France*, 1890, pp. 26 et 110), nous manquaient. Notre but, plus modeste, a été simplement de retracer quelques épisodes peu connus de la vie du comte de Castres, en insistant de préférence, à l'aide d'actes inédits provenant d'archives italiennes, sur ses rapports avec Venise et les ducs de Milan.

2. *Vite di duchi di Venezia*, par Sanuto, ap. Muratori, *Rerum Italicarum scriptores*, t. XXII, col. 1243, et Ricotti, *Storia delle compagnie di ventura in Italia*, Torino, 1845, t. III, p. 187.

3. Sanuto, op. cit., loc. cit., col. 1243.

4. Bibl. nat., ms. fr. 5599 : Description ou traité du gouvernement et regime de la cité et Seigneurie de Venise, fol. 175 v°. Chap. 110. « Des gens desquelz la Seigneurie de Venise se sert à la guerre de terre, et des lieutenants, capitaines et gouverneurs generaulx... ». Ce manuscrit, de la fin du quinzième siècle, nous parait offrir un tableau très complet et très exact de l'organisation de la République à cette époque.

réputé, italien d'origine, Jacques Galéot, alors au service du roi de France. Ses pourparlers avec lui furent poussés très loin[1], si loin que le mandataire de Galéot venait de signer à Venise le traité d'enrôlement de son maître lorsque celui-ci fut tué à la journée de Saint-Aubin-du-Cormier. Quelque précaution qu'on ait mise à les dissimuler, il avait dû transpirer dans le public quelque chose des négociations poursuivies entre Galéot et la Seigneurie ; peut-être aussi s'en était-il ouvert à un de ses compatriotes, né dans le royaume de Naples comme lui, comme lui serviteur de Charles VIII, et dont la carrière présente avec la sienne de singulières analogies. Quoi qu'il en soit de ces conjectures, Boffille de Juge, peu après la mort de Galéot, abordait Stella, secrétaire de la Seigneurie de Venise en France, et se déclarait prêt à accepter la succession de son ami défunt.

Il ne nous paraît pas superflu de faire connaître cet habile et peu scrupuleux personnage et les nombreuses vicissitudes de son existence, et de montrer qu'au moment où il sollicitait un emploi de la République de Venise, disgrâcié, décrié, presque ruiné, en procès avec les héritiers de la maison d'Armagnac, s'il ne voulait se résigner à finir ses jours dans la misère et l'obscurité, il n'avait d'autre ressource que de s'éloigner de France[2].

Boffille de Juge[3] était, comme nous l'avons dit, originaire du royaume de Naples et se rattachait à l'illustre famille del Giudice, originaire elle-même d'Amalfi[4]. Cette antique lignée, dont

---

1. Nous avons exposé ces négociations dans une notice que nous avons consacrée à Jacques Galéot et qui va paraître incessamment.
2. Nous ne citerons que pour mémoire la *Biographie castraise* de Nayral, Castres, 1833-1835, 3 vol. in-8°. Les renseignements qu'elle donne sur Boffille sont de seconde main et puisés à l'*Histoire de Languedoc* de Dom Vaissete.
3. Nous adoptons l'orthographe dont Boffille se sert lui même dans les pièces munies de sa signature autographe. Bibl. nat., mss fr. 2896, fol. 106 ; 2902, fol. 42 ; 15541, fol. 26 ; 22419, fol. 27 et 41 ; 25715, n° 238 ; 26100, n° 262.
4. Lellis (Carlo de), *Discorso delle famiglie nobili del regno di Napoli*, Napoli, 1654-1701, t. II, p. 67.

on trouve des représentants dès le douzième siècle, prétendait descendre de Sergius, comte d'Amalfi, et avoir été la fondatrice de l'ordre des hospitaliers de Saint Jean de Jérusalem[1].

Quoi qu'il en soit, la famille del Giudice était dévouée à la dynastie angevine. Comme tous ses membres, Boffille embrassa la cause de Jean d'Anjou, duc de Calabre, lors de ses tentatives pour conquérir le royaume de Sicile, en 1458. Quand, après la défaite de Troia (18 août 1462), ce prince fut obligé d'abandonner ses projets sur l'Italie et de regagner la Provence, Boffille le suivit, ainsi que Galéot et Campo Basso[2].

1. Lellis (Carlo de), *Discorso delle famiglie nobili del regno di Napoli*, Napoli, 1654-1701, t. II, pp. 59 et 60.

2. Costanzo, *Historia del regno di Napoli*, Aquila, 1581, fol. 172. — M. Lecoy de La Marche (*le Roi René*, Paris, 1875, t. I, p. 218, note 2) paraît croire que Boffille aurait été ramené en France par le roi René après son expédition malheureuse de 1462. On s'expliquerait assez difficilement alors que notre personnage ait été plutôt le serviteur de Jean de Calabre que celui de René. A s'en rapporter à la plaidoirie que l'avocat de sa fille prononça devant le Parlement de Paris, en 1516, dans le procès intenté à Louise de Juge par le procureur du roi, qui lui contestait la possession du comté de Castres, il n'aurait abandonné sa patrie, où ses ancêtres auraient fondé une ville (Seggio di Nido, Lellis, *op. cit.*, p. 59), que sur la prière expresse de Louis XI. (Dom Vaissete, *Hist. de Languedoc*, t. V, p. 63; Luchaire, *Alain le Grand, sire d'Albret*, Paris, 1876, p. 220. — Voir aussi, Defos, *Traité du comté de Castres, des seigneurs et comtes d'icelui*, Tolose, 1633, p. 53; Pierre Borel, *les Antiquités de Castres*, édit. Pradel, Paris, 1868, pp. 61-62). — On trouvera une copie de cette plaidoirie à la Bibliothèque nationale, coll. de Languedoc, t. XC, fol. 175. Ce sont là, sans doute, des exagérations de plaideur, et d'autant plus naturelles en l'occurrence que le défendeur, pour justifier la donation du comté de Castres faite par Louis XI, devait chercher à établir que cette donation avait été moins un présent que la récompense des avantages auxquels Boffille avait renoncé en quittant son pays natal. Remarquons, cependant, que Louis XI accepta cette version. Dans les lettres patentes lui octroyant le comté de Castres (Thérouanne, août 1477, A. N. X¹ª 8607, fol. 128), il dira : « Ayans consideration à ce que... à nostre priere et requeste et soubz la confiance des promesses que lui avons faictes a delaissé et habandonné pour nous servir ses parens et amys, le propre païs de sa nativité et naturelle habitation, etc. . . ». Ce motif plus ou moins exact fut peut-être allégué pour émouvoir le Parlement, qu'on savait résolu à dénier l'enregistrement de ces lettres. Il est possible aussi, — et nous présentons sous toutes réserves cette conjecture un peu forcée, — que les expressions *païs de sa nativité, naturelle habitation* ne doivent pas être prises au pied de la lettre;

Boffille semble avoir accompagné le duc de Calabre dans l'expédition de Catalogne (1470)[1] et être resté à son service jusqu'à sa mort (16 décembre 1470), puis il fut employé par le roi René, qui le nomma son conseiller et chambellan[2].

Celui-ci, en effet, malgré la mort de son fils, ne renonça pas à la conquête de l'Aragon. Tirant parti de la connaissance des affaires catalanes que Boffille avait acquises au cours de la campagne[3] et des relations qu'il avait conservées en Italie, il le chargeait, par ses instructions en date du 15 juin 1471, d'aller exposer à ses amis transalpins ses efforts pour rétablir en Aragon la paix par la victoire et sa pénurie d'argent. Boffille, qui devait surtout avoir recours au duc de Milan, leur demanderait de la part de son maître un prêt de 50,000 ducats qu'il pourrait gager sur des villes ou des branches de revenus de la Catalogne et de l'Aragon; au moyen des fonds provenant de cet emprunt, il lèverait des troupes italiennes qu'il conduirait en Catalogne. A cette mission d'un caractère presque militaire, Boffille en joignait une toute diplomatique : le 16 juillet 1471[4], René, par une lettre adressée à son conseiller et chambellan, le commettait à conclure une ligue offensive avec Galéas Marie, duc de Milan, ainsi qu'avec les Génois et ses adhérents.

En même temps que Boffille, deux agents de Louis XI, le seigneur du Bois et Albert[5], secrétaire du roi, se trouvaient à la

---

dans ce cas, elles pourraient avoir cette signification : René s'intitulant roi de Sicile, Boffille, tant qu'il demeura son sujet et dans ses états, put être considéré à la rigueur comme continuant à habiter la Sicile, c'est-à-dire le royaume de Sicile ou du roi René, et c'est en l'attirant des terres du roi de Sicile dans les siennes que Louis XI lui aurait fait délaisser son pays d'origine.

1. Lecoy de La Marche, op. cit., t. II, P. J., n° 79.
2. Id., ibid.
3. Id. ibid., t. II, P. J., n° 79, « Res Chatalonie quo pacto se habeant vos qui interfuistis non ignoratis », dira le roi René dans ses instructions du 15 juin.
4. Ibid., t. II, P. J., n° 80.
5. Peut-être Albert Magalot, secrétaire royal, qui négocia en 1478, à Lyon, avec les ambassadeurs du duc de Milan le renouvellement de l'inféodation de Gênes et de Savone. (Bibl. nat., ms. lat. 10133, fol. 370).

cour de Galéas Marie[1]; il semble qu'ils avaient pour mission d'assister de leurs conseils et de leur influence l'ambassadeur du roi René dont Louis XI favorisait alors les plans sur l'Aragon[2].

1. Ce qui semblerait indiquer que le seigneur du Bois, Boffille et Albert voyageaient ensemble, c'est que le dernier alla jusqu'à Naples proposer au nom de Louis XI un arrangement au roi Ferdinand : moyennant une somme à fixer qu'il donnerait à René, celui-ci se serait désisté de tous ses droits sur le royaume de Naples et le roi de France eût été garant de cet engagement, mais il paraît que ces pratiques n'eurent point de suite. (Bibl. nat., ms. ital. 1649, fol. 281. Compiègne, 4 février 1471/2. Sforza de Bettini au duc de Milan.) Nous devons la communication de tous les documents provenant des archives de Milan à l'obligeance de M. le chevalier Ghinzoni à qui nous sommes heureux de pouvoir transmettre d'ici nos plus sincères remerciements.

2. L'arrivée des deux envoyés français avait fort éveillé les curiosités des hommes d'État milanais; ils espéraient que leur présence était liée aux événements de Savoie. On sait que Louis XI, après avoir énergiquement soutenu la régente de Savoie, sa sœur, Yolande de France, (Guichenon, *Histoire généalogique de la royale maison de Savoie*, Lyon, 1660, t. II, p. 408) contre les comtes de Genève, de Romont et de Bresse qui ambitionnaient de lui enlever le pouvoir, après avoir engagé le duc de Milan à s'allier avec elle, ce qui avait été fait le 13 juillet 1471 (*Ibid*, t. I, p. 555), sembla l'abandonner à la suite du traité de Montmélian, (8 août 1471. Dumont, *Corps universel diplomatique*, etc., t. III, p. 435) qui, en introduisant les princes dans le conseil ducal consacrait l'échec de la duchesse : prétextant comme grief que Yolande favorisait le duc de Guienne (Bibl. nat., ms. ital. 1649, fol. 280. Tours, 15 septembre 1471. Sforza au duc de Milan), il se rapprocha de Philippe de Savoie, comte de Bresse, qu'il voulait attirer en France, qu'il allait prendre, le 6 octobre 1471, sous sa protection, (Léon Menabrea, *Chroniques de Yolande de France*, Paris, 1859, p. 293) et à qui il allait prodiguer les témoignages de libéralité et d'affection. Galéas Marie qui, dès le début de septembre, soupçonnait le revirement accompli dans les sentiments du roi, en présence de Boffille se plaignait de l'abandon où Louis XI laissait sa sœur; d'après lui, le roi ne devait rien épargner pour la rétablir dans le plein exercice du gouvernement piémontais, de façon à avoir cet état à sa dévotion. (Archives de Milan, Potenze estere, Francia, Vendôme, 6 octobre 1471. Sforza de Bettini au duc de Milan). Le duc de Milan n'eut pas satisfaction : les agents français pas plus que Boffille n'avaient charge de s'occuper des intrigues savoyardes autrement que pour les observer, et si le 10 octobre, passant à Verceil où il rendait visite à la duchesse, Boffille interrogeait le résident milanais en Savoie, Antoine d'Appiano, sur l'attitude de Yolande et de Philippe de Bresse, ce ne devait être qu'en vue de renseigner le roi

Boffille ne paraît pas avoir dépassé Milan, il y arriva à la fin d'août où dans les trois ou quatre premiers jours de septembre[1]. Grâce aux bons offices de du Bois et d'Albert, la demande de René fut assez bien accueillie : le duc lui offrit à son gré 12,000 ducats ou une compagnie de gens d'armes. Galéas Marie aurait préféré que le roi de Sicile optât pour les gens d'armes ; et il prescrivait à Sforza de Bettini, son représentant en France, d'insister dans ce sens auprès du prince angevin : celui-ci consulta son conseil[2] et choisit le prêt des 12.000 ducats ; mais il survint quelques difficultés et le gouvernement milanais ne remit à Boffille que 10,000 ducats qui lui furent versés avant le 16 septembre[3].

Il ne fallait pas moins que l'appui de Louis XI pour décider Galéas Marie à agir en faveur de René ; il risquait en ce faisant de s'aliéner le roi de Naples. Déjà l'ambassadeur napolitain, nommé Turco, avait vent de l'emprunt consenti par le duc, et le 6 octobre[4], il importunait l'ambassadeur du comte d'Urbin à Milan, Camille de Barzi, pour lui faire révéler ce qu'il en était. Il ne put rien en tirer[5] ; le lendemain, il fut plus heureux en s'adressant à Zacharie de Pise, orateur du marquis de Mantoue[6] : cet agent lui avoua[7] tenir d'Antoine de Landriano, banquier, que Boffille avait reçu des subsides de Galéas Marie, qu'il avait acheté des florins larges et expédié

René. (*Ibid.*, Torino. Verceil, 10 octobre 1471. Antoine d'Appiano au duc de Milan. Milan, 13 octobre. Le duc de Milan à Antoine d'Appiano).

1. Le duc de Milan écrivait, le 4 septembre, à Sforza de Bettini, son orateur en France, qu'il venait de donner audience à Boffille et aux envoyés de Louis XI. (*Ibid.*, Francia. Tours, 20 septembre 1471. Sforza de Bettini au duc de Milan.)

2. Archives de Milan, Potenze estere. Francia. Tours, 20 septembre 1471. Sforza de Bettini au duc de Milan.

3. *Ibid.*, Vendôme, 6 octobre 1471. Le même au même.

4. *Ibid.*, Urbino. Milan, 6 octobre 1470. Camille de Barzi au duc de Milan.

5. *Ibid.*, Milan, 6 octobre 1471, Camille de Barzi au duc de Milan.

6. *Ibid.*, Milan, 7 octobre 1471. Le même au même.

7. Zacharie de Pise s'efforçait de se justifier auprès du duc de Milan, le 18 octobre ; mais il confessait avoir parlé inconsidérément. (*Ibid.*, Mantova. Milan, 18 octobre 1471. Zacharie de Pise au duc de Milan.)

4,000 ducats à Gênes. Camille de Barzi et les Milanais essayèrent de contester l'exactitude de cette information ; mais le mal était fait, et bientôt le duc de Milan pour rassurer le roi de Naples devait faire publier que les pratiques entamées avec Boffille ne le visaient en aucune manière[1]. Ce n'était vrai qu'à moitié. René en remerciant, le 10 octobre, le duc de Milan du réel intérêt qu'il prenait à sa cause, lui exprimait par la même occasion sa gratitude pour les encouragements qu'il lui avait fait parvenir d'entreprendre sur nouveaux frais la conquête du royaume de Naples[2].

Cependant, Boffille vaquait au second objet de sa mission : il s'était établi dans le Montferrat, à Casal, où il levait des gens d'armes qu'il dirigeait au fur et à mesure sur la Provence ; ainsi, vers le 15 octobre, il avait une compagnie de 100 hommes d'armes toute prête à partir, et venait à Verceil prier la duchesse de Savoie de lui accorder le libre passage de cette troupe par le Mont-Cenis, ce que la régente lui concéda volontiers[3].

En dépit des favorables dispositions dont Galéas Marie était animé à l'égard de la dynastie d'Anjou, Boffille ne réussit pas à conclure avec lui et ses sujets, les Génois, la ligue offensive que désirait René. Sur l'ordre de ce dernier, le 5 novembre, de Juge demandait au duc de Milan de recommander aux Génois qui seraient lésés par les Catalans du parti d'Anjou d'avoir recours au roi de Sicile, qui leur donnerait satisfaction complète[4]. A cette époque, ce prince était en route

1. Archives de Milan, Firenze. Vigevano, 24 novembre 1471. Le duc de Milan à Sacramoro de Rimini, son ambassadeur à Florence.

2. Ibid., Francia. Baugé, 10 octobre 1471. Le roi René au duc de Milan. A la fin d'octobre, Boffille voulait aller voir le duc de Milan à Milan ; mais celui-ci, sous prétexte qu'il était souffrant, lui conseille de ne pas se déranger. En réalité, il devait avoir peur d'inquiéter davantage le roi de Naples déjà fort anxieux. (Ibid., Milan, 30 octobre 1471. Le duc de Milan à Boffille de Juge et au roi René).

3. Ibid., Torino. Verceil, 16 octobre 1471. Antoine d'Appiano au duc de Milan.

4. Ibid., Condottieri. Casal, 5 novembre 1471. Boffille de Juge au duc de Milan.

pour la Provence[1], où il comptait préparer une nouvelle expédition en Catalogne. A cet effet, il rassemblait toutes ses forces, et il écrivait de Lyon au duc de Milan, le 10 novembre, de hâter le départ de Boffille et de ses gens d'armes dont il avait grand besoin[2].

Retardé selon toute vraisemblance par l'enrôlement d'une dernière compagnie de soixante-dix hommes[3], Boffille ne put se mettre en marche qu'à la fin de novembre; il arriva à Aix le 8 ou le 9 décembre[4]. Il quittait l'Italie au moment opportun : un séjour plus long eût pu détruire toute son œuvre; s'il n'eût pas irrévocablement compromis le duc de Milan vis-à-vis du roi de Naples, il l'eût jeté dans ses bras. On pouvait craindre, en effet, que celui-ci, troublé par la venue de René en Provence, par les bruits contradictoires qui circulaient sur les projets de son ennemi, par l'excessive importance attribuée aux résultats politiques du voyage de Boffille, ne reculât devant aucun sacrifice afin de se réconcilier Galéas Marie[5].

En somme, si Boffille échoua dans la troisième partie de sa mission, s'il ne put arracher au duc de Milan son adhésion formelle à une alliance offensive avec René, il atteignit les deux autres buts en recueillant sinon la somme totale que son maître, habitué à demander beaucoup pour avoir un peu, avait sollicitée, du moins des fonds considérables, et en réunissant de nombreux gens d'armes. Une conséquence peut-être inattendue de son passage en Lombardie fut de lui faire nouer des relations cordiales avec le duc de Milan dont il devint, comme nous le verrons par la suite, un des correspondants assidus, presque un des émissaires en France.

1. Il était le 20 novembre à Tarascon. (Lecoy de la Marche, op. cit., t. II, p. 474 (itinéraire). — Voir aussi Arch. de Milan, Potenze estere. Francia. Nelle, 30 octobre 1474. Christophe Bollati au duc de Milan.)
2. Ibid., Lyon, 10 novembre 1474. Le roi René au duc de Milan.
3. Ibid., Napoli. Naples, 7 décembre 1474. François Malleta au duc de Milan.
4. Ibid., Francia. Aix, 7 décembre 1474. Christophe Bollati au duc de Milan.
5. Ibid., Napoli. Naples, 7 décembre 1474. François Malleta au duc de Milan.

Ce fut sans doute peu de temps après son retour en Provence que Boffille quitta le roi de Sicile pour s'attacher à Louis XI. En 1473, il est conseiller et chambellan du roi de France avec une pension de 2,000 livres tournois[1]. La même année, François Chauvet, receveur des aides en Lyonnais, lui paye 618 l. 15 s. t. pour l'achat de vingt-cinq harnais complets destinés à sa compagnie de 100 lances[2].

Louis XI, qui s'entendait mieux que personne à assigner à chacun l'emploi le plus propre à ses aptitudes, mit tout de suite Boffille aux prises avec les affaires d'Italie et d'Aragon, où ses connaissances spéciales, acquises par une pratique étendue des choses et des hommes de ces pays, pouvaient s'exercer avec le plus de fruit. Du côté de l'Italie, c'était principalement avec les représentants du duc de Milan et du roi de Naples que Boffille avait à traiter. Vis-à-vis de ces deux souverains, le jeu de Louis XI était double : de peur que Ferdinand de Naples ne fournît des secours au roi d'Aragon et n'empêchât ainsi la conquête du Roussillon, le roi de France avait imaginé pour occuper son attention et l'immobiliser en Italie de le brouiller avec Galéas Marie. A cet effet, Boffille disait à l'ambassadeur de Ferdinand qu'il ne fallait pas faire fonds sur le duc de Milan : il haïssait le roi de Naples et ne désirait que sa ruine ; mais ces manœuvres échouaient : l'orateur napolitain rapportait sans retard ces accusations à son collègue milanais, qui lui en démontrait sans peine l'inanité et le rassurait[3]. Auprès du duc de Milan, Louis XI fut plus heureux ; du reste, il avait sur lui des moyens d'action plus efficaces : d'abord, en échange de son appui dans la conquête de l'Aragon il lui faisait espérer la cession de Majorque et de Minorque[4]; en outre de cette perspective qui séduisait Galéas,

1. Compte de Jean Briçonnet, receveur de Languedoc, pour l'année finie le 30 septembre 1473. (Bib. nat., ms. fr. 20685, fol. 609.)
2. *Ibid.*, fol. 614.
3. Arch. de Milan, Potenze estere. Francia. Beauvais, 24 janvier 1474. Christophe Bollati au duc de Milan.
4. *Ibid.*, Villanova, 1er avril 1474. Le duc de Milan à Christophe Bollati.

le roi le flattait en faisant miroiter à ses yeux l'abaissement du roi de Naples, l'éternel rival de la puissance et de l'influence milanaises dans la péninsule[1]; enfin, il lui offrait le collier de l'ordre de Saint-Michel[2]. C'était Boffille qui transmettait toutes ses ouvertures à Galéas, et l'orateur de ce dernier, Christophe Bollati, lui écrivait qu'il pouvait avoir absolue confiance aux communications de Boffille; celui-ci, en effet, qui avait essuyé nous ne savons quels dégoûts à la cour de Louis XI, obéissant peut-être à la mobilité d'humeur si fréquente chez ses compatriotes, ne pensait pas rester en France, et proposait ses services au duc de Milan dans le cas où il résignerait la situation qu'il tenait du roi[3].

Ce découragement fut de peu de durée. La campagne de Roussillon où il allait jouer un rôle important, en donnant un aliment à son activité et à son ambition, les avantages énormes que lui fit le roi le fixèrent définitivement en France. On sait que le Roussillon, engagé par le roi d'Aragon, Jean, à Louis XI en 1462, s'était soulevé au mois de février 1473 et avait pu secouer l'autorité royale. Après une année de lutte, Jean d'Aragon envoya au roi une ambassade qui traiterait de la paix. Boffille et d'Aydie, délégués pour conférer avec les plénipotentiaires aragonais, relatèrent à Louis XI que le seul but de Jean en les faisant était de l'amuser, de gagner le temps nécessaire au ravitaillement de Perpignan et de ses autres places de Roussillon[4]; en conséquence, Louis XI les éconduisit: par la même lettre (avril 1474) où il lui faisait part de la rupture des négociations[5], le roi informait Jean de

---

1. Archives de Milan, Senlis, 4 avril 1474. Christophe Bollati au duc de Milan. Louis XI cherchait aussi à persuader à Galéas que Ferdinand aspirait à lui enlever Gênes. Boffille parlait de ces désirs à Bollati, qui n'y ajoutait pas grande foi, le prétendant aveuglé par la passion. — *Ibid.* sans date.

2. *Ibid.* Abbiategrasso, 9 avril 1474. Le duc de Milan à Christophe Bollati.

3. *Ibid.*, Senlis, 4 août 1474. Christophe Bollati au duc de Milan.

4. *Ibid.*, Senlis, 4 avril 1474. Christophe Bollati au duc de Milan.

5. Barante, *Hist. des ducs de Bourgogne*, t. VI, p. 449. — Henry, *Hist. de Roussillon*, Paris, 1885, t. II, p. 443. — D. Vaissette, *op. cit.*, t. V, p. 50.

Daillon, seigneur du Lude, qui commandait la guerre sur ces marches lointaines, que Boffille allait dans deux ou trois jours s'acheminer vers lui à la tête de cent lances. Il partait de Paris où était la cour le 18 avril ; de Lyon, où il se rendait en premier lieu, il devait aller prendre en Languedoc le commandement de sa troupe. Sa position devenait fort belle : le roi lui allouait 25,000 francs par an. Le nouveau capitaine avait ordre de combiner ses opérations avec du Lude et de surveiller le roi d'Aragon de façon à le contenir et à l'empêcher de faire coïncider une attaque sur les frontières des Pyrénées avec l'aggression dans l'est que le duc de Bourgogne méditait, disait-on [1]. Ce mouvement ne se produisit pas et les lieutenants de Louis XI purent se livrer sans arrière-pensée à la conquête du Roussillon. Le roi de France ne doutait pas que le renfort de Boffille aidant les hommes d'armes de du Lude et de Lescun et leurs trois mille archers, les Aragonais ne soient bientôt expulsés de cette région et ses habitants contraints à l'obéissance. Les hostilités cependant se prolongèrent plus longtemps qu'il n'avait cru : les capitaines de Louis XI ne purent s'emparer d'Elne que le 5 décembre 1474, et de Perpignan que le 10 mars 1475, après avoir fait aux gens de la ville des conditions assez douces : on leur accordait la faculté de continuer à habiter Perpignan ou d'émigrer ; dans ce cas, ils avaient un délai de quatre mois pour s'expatrier et emporter leurs biens : les absents depuis quatre ans, c'est-à-dire dont l'absence était antérieure au soulèvement, avaient permission de rentrer ; enfin, les hommes du ban et de l'arrière-ban ne seraient pas inquiétés [2].

Louis XI ignorait encore la capitulation que ses agents

---

1. Arch. de Milan. Potenze estere. Francia. Paris, 20 avril 1474. Christophe Bollati au duc de Milan.

2. Le texte de la capitulation a été publié par Henry, op. cit., t. II p. 618, P. J., n° 10. Il est à remarquer que Boffille n'y est pas nommé, non plus que dans le cartel donné au corps de la ville par les généraux en exécution de l'article 25 de la capitulation et en vertu duquel ils garantissaient les ratifications du roi dans un espace maximum de deux mois. (Ibid., p. 627, P. J. n° 11.) — Cf. Barante, op. cit., t. VII, p. 22.

avaient signée quand le 23 mars 1475[1] il nomma du Bouchage son lieutenant-général en Roussillon. Celui-ci avait pour instructions de frapper les esprits de terreur par une répression rigoureuse, de réorganiser l'administration de cette malheureuse province et de renvoyer au plus tôt Du Fou et du Lude trop enclins aux tempéraments. Il pouvait s'aider du seul Boffille s'il n'était pas de leur parti. Si du Bouchage arrivait avant la conclusion de la trêve, et qu'il ait besoin de trois cents lances, il garderait les trois compagnies de Gonzoles, de Boffille et de Daillon[2]. — En apprenant les clauses que ses capitaines avaient consenties, le roi éprouva une violente colère; toutefois, il ne les désavoua pas : le 7 août, il prescrivit seulement à du Bouchage de s'accommoder le mieux qu'il pourrait de ces conditions qui l'irritaient si fort, et de chasser au plus tôt de Perpignan tant de gens que Boffille et Gonzoles avec leurs seules compagnies en soient maîtres[3].

Cependant, Boffille, secondé en cela par du Bouchage, s'eleva contre cette mesure qui n'allait à rien moins qu'à dépeupler Perpignan; il représenta qu'il ne saurait y vivre si elle était exécutée, qu'il suffisait pour maintenir cette ville dans le devoir, d'en bannir les nobles et les gros habitants qui deux ans auparavant l'avaient livrée au roi d'Aragon[4].

Louis XI se rendit à ces raisons : le 20 avril 1475 il écrivait à du Bouchage de permettre à Boffille de faire ce qu'il aviserait, mais pour stimuler leur zèle à servir, il donnait à du Bouchage et à Boffille toutes les forfaitures « de ceulx qui seront mis dehors pendant que vous serez par dela ». — Il décernait à ce dernier l'office de bailli[5] et recommandait à

---

1. Mandrot, *Ymbert de Batarnay, seigneur du Bouchage*, Paris, 1886, p. 60; Henry, *op. cit.*, t. II, p. 139.
2. Bibl. nat., ms. fr. 2897, fol. 4. Cf. ces instructions, dans l'édition des *Mém. de Phil. de Comines*, de Lenglet Dufresnoy, t. III, p. 374.
3. *Mémoires de Comines*, éd. Lenglet. Dufresnoy, t. III, p. 84.
4. Mandrot, *op. cit.*, p. 63; Barante, *op. cit.*, t. VII, p. 24; Henry, *op. cit.*, t. II, p. 148.
5. Mandrot, *op. cit.*, p. 63; Duclos, *Hist. de Louis XI*, t. III, preuves, p. 373. Nous n'avons pas rencontré d'acte où Boffille prenne cette qualité. Il est possible que finalement cette dignité ne lui fut pas donnée; dans sa

du Bouchage de le laisser libre d'édifier la citadelle de Perpignan comme il l'entendrait, pourvu que les travaux soient entrepris sans retard; enfin, du Bouchage, en partant, devait remettre le titre de lieutenant à Boffille, en l'engageant seulement à ne pas prendre le titre de gouverneur ce qui eût pu indisposer M. de Roquebertin [1] que Louis XI avait créé l'année précédente gouverneur des deux comtés. — Cette lettre était à peine expédiée, que le roi, le même jour, la complétait par une autre missive à du Bouchage, où il insistait de nouveau sur la nécessité de faire un exemple et de punir les plus compromis et les plus importants des habitants de Perpignan en abandonnant leurs maisons au pillage. « Et ne croyez pas Bouffille de cela, ajoutait-il, car c'est la chose dont je vous avois plus chargé [2] ».

Peu après la réception de ces lettres, du Bouchage considérant sa tâche comme achevée et se disposant à regagner la cour, transmettait à Boffille de Juge le titre de lieutenant-général du roi en Roussillon et en Cerdagne; il s'en décora aussitôt, même avant le départ de du Bouchage; en effet, le 15 mai 1475 celui-ci est encore à Perpignan où il pourvoit Aimé de Ville, docteur en décrets, des fonctions d'assesseur du gouverneur de Roussillon [3], et le même jour au même lieu, Boffille de Juge se qualifiant « de conseiller et chambellan du Roy notre sire, capitaine de cent lances de ses ordonnances, et lieutenant-general pour lui ès pays de Roussillon et de Sardaigne », promettait à du Bouchage, qui ne prend aucun qualificatif, de faire raser les murailles « comme les autres lieux de ce pays », et abattre la forteresse de la ville de Oléran [4]

---

deuxième lettre du même jour à du Bouchage, le roi lui disait : « Et au regart des offices que je vous avois dit que vous donnassiez à Bouffile et au Poulailler, faites-en ce que vous voudrez et que vous verrez pour le mieux pour mettre la chose en sureté »; Duclos, *op. cit.*, p. 375.

1. *Mémoires de Commynes*, éd. Dupont, t. II, p. 266, note 5.

2. Mandrot, *op. cit.*, p. 64; Duclos, *op. cit.*, p. 375; Barante, *op. cit.*, t. VII, p. 26.

3. Mandrot, *op. cit.*, p. 65, note 2.

4. Aujourd'hui Léran, Ariège, arr. de Pamiers, canton de Mirepoix.

dès que ses gens de guerre en auraient sorti leurs bagages[1].

A partir de cette époque, le nouveau lieutenant se dédia à l'œuvre de pacifier sa province, de rétablir l'ordre, la tranquillité et d'y installer une sage administration.

Il commençait le 15 août 1475[2] par confirmer la nomination d'Aimé de Ville en qualité d'assesseur du gouverneur de Roussillon et de Cerdagne faite par du Bouchage et qu'il « avoit de faire plain pouvoir ». Il surveillait les travaux d'édification de la citadelle de Perpignan, etc.[3]. C'est dans cette ville qu'il séjournait d'habitude : il y était le 20 septembre d'où il écrivait au duc de Milan[4] : deux de ses neveux, Troyle et Bernardin de Venable, probablement frères du protonotaire de Venable dont il sera question plus loin, servaient dans les armées milanaises sous Robert de San Severino ; Boffille voulait les avoir près de lui et sollicitait le duc, si Severino ne s'y opposait pas, à leur donner congé et à les laisser partir pour la France. Il s'excusait en même temps de n'avoir pas depuis plus longtemps que de coutume, correspondu avec Galéas Marie, ce qui semblerait indiquer qu'il n'avait pas perdu l'habitude de le tenir au courant des événements de France.

A la fin de cette année, Boffille fut conduit à Paris par une curieuse affaire qui est comme l'épilogue d'un des plus sanglants incident dont fut marquée la répression du Roussillon. On sait qu'à l'automne de 1474, du Lude, sur les exhortations pressantes du roi, et renforcé d'ailleurs de du Fou et de Boffille avait poussé plus vigoureusement les opérations contre les Aragonais. Il avait inauguré cette reprise d'activité par le

1. Bibl. nat., ms. fr., 2902, f. 42. (Orig. papier). Voir aussi Mandrot, p. 60, note 2. Selon nous, Boffille ne fut créé *lieutenant-général* que lorsque du Bouchage, sur le point de partir, se démit de cette dignité en sa faveur, comme le roi le lui avait ordonné.

2. Bibl. nat., ms. fr. 25715, n° 235. (Orig. parch.) La confirmation du roi (Gaillarbois, 18 juillet 1475) est annexée à celle de Boffille.

3. Bibl. nat., ms. fr. 26097, n°ˢ 1725, 1729, 1867, 1879.

4. Archives de Milan. Condottieri. Plus tard, le 26 juin 1483, de Roquecourbe, le comte de Castres, recommandait au duc de Milan ce même Bernardin de Venable qui voyageait en Italie pour ses affaires (*Ibid.*).

siège de la ville d'Elne dont la possession était surtout important parce que Perpignan y prenait tous ses vivres. Cette place était défendue par une garnison napolitaine que commandait un chevalier italien nommé Julio de Pise, et par Bernard de Doms et ses amis [1]. Après un mois de blocus, les troupes napolitaines se mutinèrent et leur chef dut capituler (5 décembre) [2]; il fut renvoyé avec elles en Catalogne, mais on fit un exemple de Bernard de Doms, ce transfuge du parti français qui, après avoir été investi par Louis XI, en 1463, de la sénéchaussée de Beaucaire [3], et, en 1466, du gouvernement du Roussillon [4], avait passé aux Aragonais et exercé au nom du roi d'Aragon ces dernières fonctions. Transporté à Perpignan, il fut quelques jours après décapité, et sa tête fixée au bout d'une pique fut exposée devant la porte de la ville [5]. Julio de Pise apprit à Barcelone cette exécution; il prétendit à tort ou à raison que lors de la capitulation d'Elne les capitaines français s'étaient engagés à ne faire aucun mal à Bernard de Doms et à le mener devant le roi de France qui statuerait sur son sort. A l'en croire, Boffille qui lors de la capitulation avait servi d'interprète entre du Lude, du Fou et Julio de Pise, aurait abusé de l'ignorance où était celui-ci, de la langue française, pour le tromper en lui garantissant faussement de leur part la vie de Doms. Il se plaignit par lettre à Boffille de cette déloyauté; ce dernier, le 21 février 1475, lui répondit, en niant l'avoir induit en erreur et en s'offrant à lui donner toutes les satisfactions qu'il pourrait désirer. En conséquence, le 10 mars, Julio de Pise rédigeait à Barcelone un cartel de défi [6] qu'il lui faisait porter par son trompette et où après avoir reproché à Boffille son manque de foi il lui proposait de remettre au sort des armes le soin de vider leur querelle et de décider lequel des deux en avait menti. La réponse

---

1. Legeay, *Hist. de Louis XI*, Paris, 1874, t. II, p. 124.
2. Henry, *op. cit.*, t. II, p. 129.
3. D. Vaissete, *op. cit.*, t. IV, p. 29.
4. *Ibid*, 34.
5. Henry, *op. cit.*, t. II, p. 129.
6. Arch. de Milan. Condottieri.

de Boffille ne se fit pas attendre ; le 20 mars, étant à Perpignan, il écrivait à Julio de Pise[1] : il lui exprimait ironiquement sa surprise de ce qu'il n'eût pas mieux compris sa lettre du 21 février quoiqu'elle fût en italien ; c'était, en réalité, une provocation qui avait prévenu la sienne ; il n'était pas moins étonné que Julio lui attribuât la responsabilité de ses discussions avec les capitaines français, ceux-ci étant fort capables de lui rendre raison. Abordant ensuite le fond du débat, il protestait formellement lui avoir répété en italien fidèlement et mot par mot tout ce que du Lude et du Fou lui avaient dit en français. « Je suis prêt, ajoute-t-il, à l'affirmer jusqu'à mon dernier souffle ; et je ne sache pas qu'une loi militaire, morale ou raisonnable puisse me contraindre à faire une déclaration différente et contraire à la vérité. » — A la suite de cette correspondance, les deux adversaires échangèrent leurs gages de bataille ; puis, Boffille se rendit auprès Louis XI[2] qu'il supplia de lui permettre de défendre sa querelle par bataille à outrance contre Julio de Pise, d'en accepter la judicature et de donner à ce dernier un sauf conduit afin qu'il pût venir en France sans inquiétude s'en retourner de même. Le roi lui accorda cette demande, et assigna aux parties, pour comparaître, la place de Grève et le 26 décembre 1475 et fit préparer pour Julio de Pise un sauf conduit qui lui fut délivré par Pascal de Venosa, trompette et héraut de Boffille. Afin d'honorer les combattants, Louis XI aurait eu, paraît-il, l'intention d'assister en personne au duel ; mais, empêché par de plus graves occupations, il commit à sa place, pour régler et surveiller le combat, le grand maître, comte de Dammartin.

A midi du jour fixé, Boffille, armé de toutes pièces et accompagné de plusieurs officiers, de sa bannière, d'un héraut portant sa cotte d'armes, arriva sur la place de Grève où étaient formées les lices et dressés des échafauds sur lesquels le grand maître et sa suite prirent place. Mais Julio de Pise était ab-

1. Arch. de Milan, Condottieri.
2. On sait que depuis l'ordonnance de Philippe le Bel, réglementant les duels judiciaires (1er mai 1307. *Ordonnances*, t. XII, p. 367), le roi, assisté du grand conseil, demeura seul en possession de les autoriser.

sent. Dammartin le fit appeler par trois fois ; puis les excuses qu'il avait envoyées furent déclarées inadmissibles. Boffille alors sollicita défaut : après le soleil couché, lorsque les étoiles furent visibles au ciel et qu'il fut reconnu que son provocateur avait manqué à la convocation, Dammartin octroya à Boffille le défaut en question et lui adjugea tel dédommagement qu'il lui appartenait, selon la raison et le droit des armes, renvoyant d'ailleurs cette matière par-devant le roi siégeant au grand conseil. Celui-ci, le 7 janvier 1476, au Plessis-du-Parc, proclama « que faulsement et mauvaisement ledit Julio de Pise avait accusé et appelé à droict d'armes ledit Boffille de Juge ; que icelluy Boffille s'en estoit loyaument acquitté et defendu à son grant honneur, etc. ». Cet arrêt fut consigné dans des lettres patentes rendues le jour même et relatant toutes les circonstances du différend et du défi[1].

L'affaire n'en resta pas là. Le 4 avril 1476[2], Julio de Pise, muni de lettres du roi d'Aragon et du duc de Calabre, se présenta à Vigevano devant le duc de Milan et lui demanda camp, temps et lieu pour se mesurer avec Boffille. Galéas Marie rejeta cette demande : il était trop ami de la paix, dit-il, pour goûter et permettre ces combats singuliers, aussi cruels qu'inutiles ; toutefois, le 7 avril, il fit délivrer par sa chancellerie à Julio de Pise des lettres patentes attestant sa requête. Avisé sans doute par son ami, le duc de Milan, de la démarche de son adversaire, Boffille obtint de Louis XI de nouvelles lettres patentes rendues à Lyon le 22 mai 1476[3].

1. C'est : 1° de ces lettres patentes dont une traduction italienne est conservée aux archives de Milan (Potenze Estere, Francia), et 2° des extraits publiés par M. Quicherat sous le titre de : *Un manuscrit interpolé de la chronique scandaleuse* (Bibliothèque de l'École des chartes, 4° série, t. II, 1856, p. 556-558), que nous tirons tous les détails qui précèdent. Il est à remarquer que le récit de l'interpolateur de la *Chronique scandaleuse* est conçu dans les mêmes termes que celui des lettres patentes, ce qui tendrait à indiquer que l'interpolateur travaillait sur des documents authentiques. Quant au récit rapporté dans le texte même de la *Chronique scandaleuse* (*Mémoires de Ph. de Comines*, éd. Lenglet Dufresnoy, t. II, p. 128), il est très court et n'entre dans aucun de ces détails.
2. Arch. de Milan. Diario de Cicco Simonetta, 1476.
3. *Id.*, Frammenti di Missive, 1475-1476, fol. 20.

Après un récit succinct de ce qui s'était passé à la journée du 26 décembre. Ces lettres exprimaient la surprise qu'avait causée au roi la conduite de Julio de Pise qui, après avoir fait défaut à Paris, cherchait un autre juge de sa querelle. Le roi de France fit porter à Milan ces lettres par son héraut, Gascogne. Après en avoir pris connaissance, Galéas Marie confirma, le 5 juin 1476[1], sa décision du 5 avril et s'engagea de plus, à ne pas accorder à Julio, s'il lui faisait de nouvelles instances, lieu et champ pour vider son différend

Cet échec ne découragea pas Julio. Repoussé par le duc de Milan, il s'adressa à un seigneur de moindre importance, qu'il supposa devoir être plus accommodant, à Galeotto, seigneur de la Mirandole. Il fut, en effet, plus heureux auprès de lui. Galeotto prit ses intérêts à cœur et expédia une citation à Boffille qui, au lieu de comparaître en personne, envoya à la Mirandole un de ses agents ou de ses amis nommé Renaud Albertin. Celui-ci exposa le cas à Galeotto et essaya de lui montrer qu'en épousant le parti de Julio de Pise il paraîtrait mépriser la sentence de Louis XI et risquerait de le mécontenter. Il développa ces arguments dans une protestation qu'il remit le 2 octobre 1476[2] au seigneur de la Mirandole, et par laquelle il affirmait que quiconque contesterait le jugement de Louis XI s'exposerait à se voir réclamer 100,000 écus d'or, dont la moitié devait être versée au trésor du roi de France et l'autre payée à Boffille à titre de dédommagement. A cette déclaration, Galeotto répondit qu'effectivement Julio de Pise avait fait certaines écritures, qu'il les communiquerait à Albertin, s'il le désirait : celui-ci s'y refusa et procès-verbal fut dressé de ces différentes observations.

Deux jours après[3], Albertin ayant probablement appris que Galeotto de la Mirandole était favorable à Julio de Pise, renouvela sa protestation, proclama dès lors nul et non avenu tout ce qui serait fait d'attentatoire à la sentence du roi de

---

1. Archives de Milan, Frammenti di Missive, fol. 25 v°.
2. Ibid., fol. 27.
3. Ibid., fol. 30.

France, et du jury d'honneur qu'il avait institué. Il fut pareillement donné acte à Albertin de cette seconde protestation.

Nous ignorons l'issue de ce litige. Galeotto de la Mirandole osa-t-il braver Louis XI et soutenir Julio de Pise? Boffille se rendit-il à son invitation? L'affaire, au contraire, n'eut-elle pas d'autre suite? C'est ce qu'un chercheur plus fortuné pourra sans doute nous apprendre.

Peu après, Louis XI avait recours aux lumières de Boffille dans une circonstance grave, nous voulons parler du rôle qu'il lui réserva dans le procès du duc de Nemours. Après une courte apparition dans son département, Boffille, rappelé sans doute par les préparatifs de cette procédure, dut regagner la cour. Le 12 août nous le trouvons à Lyon, en route pour la rejoindre; de cette ville il adressait une longue lettre au duc de Milan [1]: on l'avait accusé auprès de ce prince d'avoir inspiré à Thomas Marchesi, ambassadeur génois dépêché à Louis XI pour lui réclamer la restitution de deux galiotes génoises dont les Français s'étaient emparés [2], des idées révolutionnaires tendant à faire renverser par ses compatriotes la domination milanaise. C'était là un faux bruit, une calomnie pure, protestait Boffille. Dans les entretiens qu'il a eus avec Marchesi, loin de l'exciter, il s'est efforcé de le calmer, lui conseillant de mettre moins d'acharnement dans ses réclamations, afin que les relations de Galéas et de Louis XI n'en fussent pas affectées. Leonetto de Rossi, facteur de Médicis à Lyon, qui a été présent à ces conversations, pourra le certifier. « Du reste, ajoutait Boffille, je suis dévoué corps et âme (*ex viscera*) à Votre Excellence. Toutes les fois que Votre Seigneurie a été critiquée ou attaquée dans les conseils royaux, j'ai pris sa défense. Je ne crois pas avoir été étranger au maintien de la

---

1. Arch. de Milan, Condottieri.
2. Les instructions remises à Marchesi sont du 1ᵉʳ avril 1476. Voir E. Charavay, *Rapport sur les lettres de Louis XI et sur les documents concernant ce prince conservés dans les archives de l'Italie*, Paris, 1881, p. 6. (Extrait des *Archives des missions scientifiques et littéraires*, 3ᵉ série, t. VII.)

bonne harmonie qui règne entre vous et Sa Majesté, et je supplie Votre Excellence de se bien convaincre que je suis plus son serviteur que quiconque mange son pain. »

Après s'être ainsi mis en règle avec le duc de Milan, Boffille, qui ne dut que toucher barre à Lyon, atteignit le roi à Selommes le 3 septembre[1]; il devait venir prendre langue et recevoir ses instructions relativement au procès de Nemours. La condamnation de l'accusé était prévue de tous, et d'après la voix publique, certains serviteurs du roi se partageraient ses dépouilles. Le 2 septembre, Petrasanta, le nouvel ambassadeur milanais, annonçait au duc de Milan que déjà Louis XI avait distribué les biens de l'accusé entre M. de Beaujeu, Louis de Graville, seigneur de Montaigu, Jean Blosset, seigneur de Saint-Pierre et Boffille de Juge; ce dernier devait être, en outre, créé comte[2]. Il n'est donc pas surprenant qu'un cri de réprobation dont l'écho est parvenu jusqu'à nous[3] se soit élevé lorsqu'on vit, le 22 septembre, le roi désigner comme juges de Nemours les personnages considérés comme les plus intéressés à sa condamnation.

Il est hors de notre sujet de retracer en détail les incidents de ce procès célèbre qui a été l'objet de nombreux travaux[4].

On sait que Jacques d'Armagnac, accusé de rébellion et de crime de lèse-majesté, pris dans Carlat (19 mars 1476), avait d'abord été enfermé à Vienne, puis au château de Pierre Encize, à Lyon, et finalement transféré à la Bastille le 4 août[5].

1. *Ordonnances*, t. XVIII, p. 204.
2. Arch. de Milan. Potenze estere. Francia. Vendôme, 2 septembre 1476. Petrasanta au duc de Milan.
3. Sismondi, *Hist. des Français*, t. XIV, p. 536. — Barante, *op. cit.*, t. VII, p. 366.
4. Nous nous permettrons de renvoyer au récit que nous en avons fait d'après le ms. L² 7 de la bibliothèque Sainte-Geneviève dans notre *Notice biographique sur Louis Malet de Graville, amiral de France*, Paris, 1889, pp. 24-50. De plus, notre confrère, M. de Mandrot, vient d'écrire une biographie complète de Jacques d'Armagnac, duc de Nemours, qui a été publiée dans la *Revue historique*, t. XLIII et XLIV (1890) et où tous les points obscurs de la procédure sont éclaircis, et le rôle des juges de Nemours apprécié.
5. Barante, *op. cit.*, t. VII, p. 353.

La Commission pour le juger, composée des ennemis du prévenu et instituée le 22 septembre, commença immédiatement ses travaux. Boffille fut très assidu aux audiences du procès et il y prit une part très active; il était présent à Paris à la première séance de la commission (30 septembre), et nous le retrouvons encore à l'avant-dernière, à Noyon (9 juillet 1477), où il se récuse avec Pierre de Beaujeu et Graville lorsqu'il s'agit de prononcer l'arrêt de mort qui fut exécuté le 4 août[1].

Le zèle de Boffille allait être bientôt récompensé. Par lettres datées du mois d'août et de Thérouanne[2], Louis XI lui donna le comté de Castres et la seigneurie de Lézignan[3], confisqués sur le duc de Nemours, à hommage lige, sous la redevance d'une coupe de vermeil pesant 2 marcs, à chaque mutation de seigneur et de vassal. Dans le préambule, le roi explique qu'il abroge expressément la stipulation du traité conclu entre Jacques d'Armagnac et Dammartin le 17 janvier 1470, en vertu de laquelle le duc avait consenti, s'il manquait à observer les clauses de cette paix, à ce que ses biens fussent confisqués et réunis à la couronne, sans toutefois pouvoir en être jamais distraits.

Boffille se précautionna tout de suite de toutes les formalités capables d'assurer la pratique du vieil adage de droit que « possession vaut titre ». C'est ainsi qu'il prêta hommage au roi le 19 août, à Thérouanne, pour ces seigneuries[4], et qu'il délivra sans retard la coupe de 2 marcs de vermeil due à la mutation du comté de Castres. Le trésorier de Carcassonne, en lui donnant quittance le 7 novembre 1477[5], le qualifie de « noble et puissant prince ».

On a prétendu que Jacques d'Armagnac, fils aîné du duc de

---

1. P.-M. Perret, op. cit., p. 48.
2. Arch. nat., X¹ᵃ 8607, fol. 123. — D. Vaissete, op. cit., t. V, p. 54.
3. Aude. Arrondissement de Narbonne.
4. D. Vaissete, op. cit., t. V, p. 54. — B. N. Collection Doat, t. CCXXIII, fol. 63. — Coll. de Languedoc, t. XC, fol. 105. — Arch. des Basses-Pyrénées, E. 445.
5. D. Vaissete, op. cit., t. V, p. 54. — B. N. Coll. Doat, t. CCXXIII, fol. 64.

Nemours, avait été confié après la mort de son père à l'archevêque de Sens, Tristan de Salazar, mais que Boffille de Juge désireux de profiter de la pension de 1200 l. mise à la disposition du prélat pour l'entretien du jeune homme, obtint de Louis XI que la garde lui en fût déférée ; il aurait alors enfermé cet enfant dans la citadelle de Perpignan, où mal soigné et presque oublié, il n'aurait pas tardé à périr de la peste[1]. Cette allégation émise longtemps après les événements, en 1486, à une époque de vive réaction contre le régime et les hommes de Louis XI, par l'avocat du frère du duc de Nemours, de l'évêque de Castres, qui disputait à Boffille la possession du comté de Castres, ne nous paraît reposer que sur des fondements peu solides et ne mériter que peu de créance. En effet, des deux desseins que Boffille pouvait former en faisant disparaître Jacques d'Armagnac, étouffer des revendications ultérieures et s'approprier la rente allouée pour la garde de ce jeune homme, aucun n'était réalisé par un crime ; les répétitions n'étaient pas éteintes, car les trois sœurs de Jacques, Marguerite, Catherine et Charlotte et ses deux frères, Jean et Louis[2], devenaient les héritiers de leur père, se substituaient aux droits de leur frère défunt et les exerçaient en leur nom ; d'autre part, à moins que l'allocation annuelle destinée à subvenir aux dépenses de Jacques ne fût imputée sur les revenus du comté de Castres, ce que nous ignorons et ce qui est peu vraisemblable, si Boffille n'eût voulu se la voir supprimer, il semble qu'il se fût efforcé au contraire de prolonger le plus possible la vie de son pupille. Enfin, ni Commynes, ni la *Chronique scandaleuse*, ni Thomas Basin lui-même, pourtant sympathique aux Armagnacs, ni

---

1. P. Anselme, *Hist. généalogique et chronologique de la maison de France*, etc., t. III, p. 49 ; D. Vaissete, *op. cit.*, t. V, p. 63 ; Luchaire, *op. cit.*, p. 207 ; Barante, *op. cit.*, t. VII, p. 367. M.-A. Lapôtre a écrit une tragédie scolaire en 3 actes et en vers qu'il a intitulée : *Le fils de Nemours*, Paris, 1874, et où il adopte bien entendu la version de la fin tragique du fils de Nemours ; Boffille y est titré duc et appelé *Boffalo del Judice*. Ces deux erreurs sont ce qu'il y a de plus notable dans cet ouvrage.

2. P. Anselme, *op. cit.*, t. III, p. 429-430. Louis d'Armagnac ne mourut qu'en 1503. *Ibid.*

Masselin ne mentionnent le fait. Ce fut donc, selon nous, un accident qui causa sa mort. Nous ne serions pas étonnés d'être ici en présence d'une légende aussi suspecte que la tradition longtemps acceptée, mais aujourd'hui réprouvée, d'après laquelle les enfants de Nemours auraient été conduits sous l'échafaud de leur père afin que son sang coulât sur leur tête[1].

L'attention de Boffille dut être souvent détournée des séances du procès de Nemours, par l'importunité des ambassadeurs du duc de Milan. Cette ville, était, en effet, au même moment le théâtre de graves événements. On n'ignore pas qu'après l'assassinat de Galéas Marie (26 décembre 1476), son fils, Jean Galéas, âgé de huit ans seulement, avait été proclamé duc sous la tutelle de sa mère, Bonne de Savoie. Le nouveau gouvernement fut tout de suite aux prises avec les plus sérieuses difficultés; d'un côté les cinq frères du feu prince excités par Ludovic le More, le plus entreprenant d'entre eux, et par Robert de San Severino, voulaient imposer leurs volontés à la régente, gouverner en son nom; d'autre part les Génois à l'instigation du perpétuel artisan de leurs discordes, de Paul de Campofregoso, archevêque de Gênes, que son humeur intrigante avait fait exiler à Mantoue, n'attendaient qu'une occasion pour renverser la domination milanaise. Au milieu de ces embarras, Boffille qui continuait au jeune duc l'amitié, amitié peu désintéressée sans doute, qu'il portait à son père, contribuait plus que personne à faire persévérer Louis XI dans une neutralité plutôt favorable à Jean Galéas.

Ce fut à Gênes que l'insurrection éclata d'abord, en avril 1447[2]. Paul de Campofregoso quitta secrètement Mantoue et rendit à Gênes, où de concert avec de Fiesque, il souleva la ville; Bonne de Savoie fit aussitôt partir pour réprimer cette sédition, Robert de San Severino et Ludovic le More; en même temps elle informait Marc Trotti, l'ambassadeur mila-

1. Barante, *op. cit.*, t. VII, p. 366.
2. *Diarium Parmense* dans Muratori, *Rerum Italicarum scriptores*, t. XXII, col. 256; voir aussi Cipolla, *Storia delle signorie italiane*, p. 579.

nais à la cour de France de la rébellion de Gênes ; la régente et ses conseillers craignaient que les insurgés surpris par Hector de Fiesque, ne tentassent de livrer leur ville à Louis XI demeuré suzerain de Gênes depuis l'inféodation qu'il en avait faite à Francesco Sforza, le 22 décembre 1463[1] ; ces alarmes étaient aussi vaines que vives ; le roi de France ne se souciait pas de redevenir le maître direct de cette turbulente cité, et Boffille qui, à la sollicitation de Trotti, avait assumé la tâche aisée de dissuader Louis XI de l'accepter, put bientôt rassurer l'envoyé milanais et lui certifier que le gouvernement français ne contrarierait en rien l'action milanaise et n'entrerait pas dans les vues de Fiesque. Du reste, la répression avait devancé cette assurance; le 17 avril, Paul de Campofregoso était chassé de Gênes et ses concitoyens rentraient dans le devoir[2]. Cette heureuse nouvelle était sans retard communiquée à Louis XI, et il déléguait à Boffille le soin d'en féliciter Trotti de sa part[3] et lui manifester qu'il persévérait dans ses bonnes dispositions à l'égard de la duchesse et de son fils et qu'il avait fait connaître à Ludovic et à ses frères[4], probablement lors du séjour[5] qu'ils avaient fait en France pen-

1. Bibl. nat., ms. lat., 10433, fol. 92.
2. *Diarium Parmense*, dans Muratori, op. cit., t. XXII, col. 256 ; Rosmini, *Dell' istoria intorno alle militari imprese di Gian Giacopo Trivulzio*, Milano, 1815, t. II, p. 14.
3. Arch. de Milan. Potenze estere. Francia. Paris, 7 mai 1477. Marc Trotti à la duchesse de Milan.
4. *Ibid.*, Paris, 10 mai, 1477. Marc Trotti au duc de Milan. Cependant Louis XI à cette époque n'avait pas lieu d'être fort satisfait de la régence milanaise qu'il accusait de s'entendre avec Philippe de Bresse pour créer toutes sortes d'embarras à la duchesse de Savoie, Yolande, à peine réinstallée dans l'administration de ses états. (Voir *Chronica Juvenalis de Acquino* ap. *Monumenta historiæ patriæ, Scriptores*, t. I, Turin, 1840, col. 684, Cf.; Guichenon, op. cit., t. I, p. 658; Gingins de la Sarra, *Dépêches des ambassadeurs milanais sur les campagnes de Philippe le Hardi*, Genève, 1858, t. II, p. 377); et il avait recommandé à Boffille de Juge de faire à ce sujet des représentations à l'orateur milanais; (Arch. de Milan, Potenze estere. Francia. Milan, 17 mai 1477. Le duc de Milan à Marc Trotti. *Ibid.*, Paris, 20 mai 1477. Marc Trotti au duc de Milan.
5. Litta, *Famiglia Simonetta di Calabria* (article Cicco Simonetta.)

dant la relégation à laquelle leur frère les avait condamnés.

Cependant Bonne de Savoie n'eut pas un long répit; enflés par leurs succès à Gênes, grisés par les avantages que la régente leur avait consentis [1], excités enfin par Robert de San Severino, l'ennemi capital de Cicco Simonetta, le plus écouté conseiller de la duchesse douairière, sous prétexte de ruiner cet habile ministre, les oncles du duc ne tardèrent pas à conspirer contre elle; Ludovic le More aurait été créé duc, Fiesque aurait eu le gouvernement de Gênes, Parme aurait été le lot de San Severino; quant aux autres frères de Ludovic, ils se seraient partagés le duché de Milan. Simonetta eut vent du complot et il fit arrêter Donato del Conte, un des vieux compagnons d'armes de Sforza que les conspirateurs avaient attiré dans leur parti; cette arrestation précipita les choses. Le 25 mai les conjurés prirent les armes, occupèrent la porte Tosa et commencèrent à parcourir les rues de la ville en criant: *Ludovico, Roberto*. Mais Simonetta avait organisé la résistance et cette clameur demeura sans écho. Trois des beaux-frères de la duchesse, Ludovic, le duc de Bari et Ascagne ne s'entêtèrent pas dans une résistance impossible et firent sur le champ leur soumission; le quatrième Octavien s'enfuit et se noya dans l'Adda. Quant à Robert de San Severino il put s'échapper; après bien des péripéties, il se réfugia à Asti, possession française, pendant qu'à Milan on le condamnait par contumace à avoir la tête tranchée [2].

Le 28 mai, Bonne de Savoie annonça à Marc Trotti cette révolution avortée. Trotti reçut cette dépêche dans la matinée du 18 juin à Saint-Quentin, où il avait suivi la cour. Quoi qu'il eût déjà congé de Louis XI, vu la gravité de ces nou-

[1]. Ces avantages sont énumérés dans une dépêche adressée le 4 mars 1477, par la régence de Milan à Marc Trotti, Rosmini, op. cit., t. II, p. 12.

[2]. *Diarium Parmense*, dans Muratori, op. cit., t. XXII, col. 259 ; Voir aussi la relation de Jean Galéas au secrétaire milanais à Bologne, en date du 28 mai, publiée par Rosmini, op. cit., t. II, p. 16 et suiv.; elle doit être l'œuvre de Cicco Simonetta, car il l'a contresignée. San Severino a raconté cette aventure dans une lettre adressée d'Asti, le 28 mai, au marquis de Montferrat, insérée dans Rosmini, *Dell'istoria di Milano*, Milano, 1820, t. IV, pp. 163-5.

velles, il ne crut pas pouvoir s'éloigner avant de l'en instruire ; il alla aussitôt trouver Boffille qui, mandé par le roi, avait momentanément abandonné le procès de Nemours, et le décida à l'introduire auprès du prince; celui-ci rentrait de la messe, il le remercia et lui renouvela l'autorisation de regagner l'Italie[1]. En conséquence, Trotti se mit en route ; il s'acheminait vers Paris, lorsque près de Noyon lui parvint une dépêche de son gouvernement, en date du 1ᵉʳ juin. Elle contenait une relation de la fuite de Robert de San Severino et du procès qui lui avait été intenté; elle prescrivait à Trotti de sonder les intentions du roi relativement au fugitif, et d'attendre les pleins pouvoirs du duc et de la duchesse pour prêter l'hommage de Gênes[2]. Très embarrassé et n'osant reparaître devant Louis XI sans y être convié, l'envoyé milanais saisissant l'occasion de ce que Boffille convoqué pour le procès de Nemours, était à Noyon, alla lui demander conseil ; il espérait que son interlocuteur s'offrirait d'écrire au roi que Trotti venait de tenir des avis intéressants, et que sur cette annonce Louis XI lui accorderait une audience; mais Boffille qui devait retourner vers Louis XI le surlendemain matin, affecta de ne pas comprendre l'insinuation : « Racontez-moi toutes les particularités que vous savez, dit-il à Trotti, et je les rapporterai fidèlement au roi en choisissant un instant propice, ce qui me sera commode, vu que je suis continuellement à l'entour de Sa Majesté ; je m'appliquerai à éveiller sa curiosité et l'engagerai à vous rappeler ; je vous avertirai à Paris de l'issue de ma tentative. » Obligé de se contenter de cette vague promesse, Trotti exposa à Boffille dans toutes ses particularités la rébellion de Milan et son échec. Celui-ci loua fort les résolutions de la régente que le roi, affirmait-il, approuverait sans réserve. Quant à Robert de San Severino, il n'y avait pas à craindre que le gouvernement français l'assistât ouvertement ou sous-main ; les embarras de la politique

---

1. Arch. de Milan. Potenze estere. Francia. Saint-Quentin, 18 juin 1477. Marc Trotti au duc de Milan.

2. Cette inféodation fut faite le 7 septembre 1478, Dumont, t. III, 2ᵉ partie, p. 44.

royale dans les Flandres en étaient les gages ; du reste, Boffille n'épargnerait rien pour empêcher Louis XI de favoriser ce personnage[1]. Il semble qu'il y réussit. San Severino, après un court séjour à Asti, passa en France[2]. Le roi l'accueillit en apparence assez froidement et se borna à lui promettre de l'enrôler à son service le jour où il lui amènerait une troupe de deux cents hommes d'armes italiens ; Robert se rendit de nouveau à Asti pour réunir cette compagnie ; mais son insuccès fut absolu : la ligue italienne interdit à quiconque, sous peine de vie, de répondre à l'appel de San Severino et il ne put lever que quelques hommes[3].

Si Boffille crut que le départ de Trotti lui laisserait quelque repos, et que le procès de Nemours terminé il pourrait aller visiter ses nouveaux domaines, il fut bien désappointé ; le service du roi primant tout, il ne put se diriger vers le Midi qu'après avoir mené à bonne fin les négociations que Louis XI l'avait chargé de suivre avec Dominique Gradenigo, ambassadeur de la République de Venise, député en France pour traiter de la paix. Leurs conférences, auxquelles assistait aussi le chancelier Doriole, aboutirent d'abord aux préliminaires de Thérouanne, consignés dans ses lettres-patentes le 23 août 1477, puis au traité du 9 janvier 1478[4].

Boffille dut se mettre en route peu après le 23 août. Sa pré-

1. Arch. de Milan. Potenze estere. Francia. Paris, 26 juin 1477. Trotti au duc de Milan.
2. Voir la lettre de Jean Galéas et de sa mère au roi d'Angleterre, Milan, 29 septembre 1477, dans Kervyn de Lettenhove, *Lettres et négociations de Philippe de Commines*, Bruxelles, 1867, t. I, p. 166, note 2.
3. *Diarium Parmense*, dans Muratori, op. cit., t. XXII, col. 272. San Severino demeura assez longtemps à Asti, en causant beaucoup d'ennuis au roi de France (De Maulde, *Hist. de Louis XII*, Paris, 1889, t. I, p. 208, note 1) ; puis il participa à la révolution génoise de mai 1478. (*Diarium Parmense*, loc. cit., col. 282) ; enfin il fit sa paix avec la duchesse de Milan, le 13 septembre 1479. (*Ibid.*, col. 319). Moins de trois ans après, vers 1482, il devenait capitaine général de la république de Venise (Sanuto, *Vite di duchi di Venezia*, dans Muratori, op. cit., t. XXII, col. 1214).
4. Voir sur ces négociations P. M. Perret, *La paix du 9 janvier 1478 entre Louis XI et la République de Venise*, dans *Bibliothèque de l'École de chartes*, t. LI (1890), p. 111 et suiv.

sence dans ses seigneuries était d'autant plus utile que le procureur général, invoquant la transaction du 16 janvier 1470[1], qui rendait inaliénable le comté de Castres, contestait la validité de la donation royale et s'opposait à l'enregistrement par le Parlement de la lettre de don. S'il voulait établir son autorité à Castres sur des bases solides, la conduite de Boffille était toute tracée : ne faire aucun cas de l'opposition du Parlement et, par une ferme attitude, en prévenir les effets au cas où les anciens partisans de la maison d'Armagnac se remueraient. C'est ce qu'il fit. Arrivé à la fin d'octobre, le 30 de ce mois il prit solennellement possession de son comté où Louis d'Amboise, évêque d'Albi, commissaire du roi, procéda le même jour à son installation. Le nouveau comte faisait immédiatement acte de seigneur en recevant le serment des habitants, l'hommage des nobles, et en instituant les officiers nécessaires à l'administration d'une aussi vaste seigneurie[2]. Peu après, il marquait plus énergiquement son vouloir de ne pas en être délogé en arrondissant son comté : le 12 février 1477/8 il achetait, moyennant 125 écus d'or, les seigneuries de Séranie et de Langous (?) à Louis et à Jean Albain[3].

Cependant Louis XI n'abandonnait pas son chambellan : le 20 mai, il mit en demeure le Parlement d'obéir, par une lettre de jussion[4] très impérative. Celui-ci dut céder ; le 29 mai 1478 il enregistrait la lettre de don *de expresso mandato domini*

---

1. Dom Vaissete, *op. cit.*; Luchaire, *op. cit.*, p. 209. A en croire la lettre de jussion royale, l'opposition serait venue de Philippe Luillier et Eustache de Sansac qui « dient leur estre due aucune chose pour le fait de la despense dudit de Nemoux... »

2. Luchaire, *op. cit.*, pp. 208 et 209. Bibl. nat., coll. Doat, t. CCXXIII, fol. 61.

3. Arch. des Bass.-Pyr., E 144. Il est à noter que dans cette pièce Boffille est traité de *illustris et princeps dominus*. Bibl. nat., coll. Doat, t. CCXXIII, fol. 90.

4. Arch. nat., X1a 9317, fol. 102. A s'en reporter à un mémoire anonyme « sur la comté de Castres donné à messire Bouffille de Juge par le roi Louis XI, etc. », qui se trouve à la Bibl. nat., coll. Doat, t. CCXXIII, fol. 61, l'opposition du procureur général du roi se serait produite le 28 mai 1478.

nostri regis iteratis vicibus facto, et, après l'avoir fait transcrire sur un registre *ad hoc*, en remettait l'original à Renaud Albertin, serviteur de Boffille[1].

Boffille dut abréger son séjour à Castres et revenir vers le roi pour obtenir la lettre de jussion à laquelle nous avons fait allusion et qui triompha des dernières résistances de la cour de Paris. Boffille était donc avant le 20 mai à Arras[2]. Il devait même avoir rejoint la cour plus tôt. En effet, à la fin de mars ou au commencement d'avril, Louis XI lui confiait une mission délicate, qu'il accomplit du reste avec un entier succès. La trêve de Picquigny, conclue pour sept ans avec Édouard d'Angleterre, avait été prorogée le 15 octobre 1477 pour la vie des deux rois ; mais, de part et d'autre, on désirait que cette trêve viagère fût transformée en une paix stable. Le roi d'Angleterre, qui attachait d'autant plus d'importance à cet accord définitif qu'il espérait le faire acheter à Louis XI par de nouvelles contributions, envoya en France pour chercher les moyens de le ménager, Jean Howard, Richard Tanstall et le docteur Langton ; ils s'embarquèrent la veille de Notre-

1. Arch. nat. X¹ᵃ 8607, fol. 129 v°. D'après les *escriptures et protestations que feist le sire d'Albret par devant maistre Loys Picot, conseiller et commissaire, pour exequter un arrest au prouflt du procureur general du Roy touchant le comté de Castres*, document cité par M. Luchaire (op. cit., p. 209), dont nous transcrivons les propres termes : « quatre jours avant la vérification, la cour recevait secrètement la protestation du procureur général et l'inscrivait sur un registre particulier avec une note où elle déclarait que les gens du roi pourraient poursuivre leur opposition quand ils le jugeraient à propos, quelque publication qui se fit par la suite au Parlement ». Cette assertion est aussi reproduite dans la lettre de François Iᵉʳ (10 juin 1519) ordonnant la réunion du comté de Castres à la couronne. (Defos, *Traité du comté de Castres, des seigneurs et comtes d'icelui*, Tolose, 1633, in-4°, p. 47).

2. Faisant route vers le nord, il dut traverser Albi où le corps de la ville lui fit présent de six livres de confitures qui coûtèrent 6 sous 8 deniers la livre, de 8 torches et de 6 setiers d'avoine (Arch. de la ville d'Albi, CC 202). Remarquons qu'à cette époque la pension de Boffille s'élevait à 2,000 l. t. par an. (Bibl. nat., ms. fr. 23264, fol. 11. Compte de Guillaume de Nève, receveur général en Languedoc pour l'année commencée le 1ᵉʳ octobre 1476. — Bibl. nat., ms. fr. 23265, fol. 10. Même somme pour l'année 1477/8).

Dame de mars[1]. Dès que Louis XI eut connaissance de leur départ, il dépêcha au-devant d'eux Boffille de Juge, soi-disant afin de les saluer de sa part, en réalité afin de pénétrer adroitement le secret de leurs instructions[2]. Boffille rompu, en sa qualité d'Italien, à toutes les finesses de la diplomatie, mania si habilement le docteur Langton qu'il en eut bientôt tiré tout ce qu'il lui importait de savoir[3]. Il apprit ainsi qu'Édouard voulait s'attribuer le mérite des demandes modérées qu'allaient apporter les ambassadeurs de Flandre « pour ce que ledit Roy d'Engleterre ne a pas voulu accorder aux Flamands ce qu'ils demandoient ». Le docteur Langton ne parvint pas à cacher à son interlocuteur le vif désir d'Édouard de marier sa fille Élisabeth avec le dauphin; il lui dit aussi que le grand chambellan Hastings était tout acquis aux intérêts de la France. Boffille comprit également qu'en Angleterre on était mécontent de ce que les troupes anglaises destinées contre les Gueldres eussent été employés contre la France, et que, par suite, le prince d'Orange attendu en Bretagne était peu à redouter. Enfin, le diplomate anglais ne fit pas mystère à son interlocuteur des murmures que provoquaient chez ses compatriotes les délais apportés au payement de la rançon de Marguerite, ce qui « donne occasion à ceulx qui veullent mal au Roy

---

1. Bibl. nat., ms. fr. 2908, fol. 24. Voir leurs instructions dans Rymer, *Fœdera*, etc., 1704, t. XII, p. 50. Quoiqu'elles soient du 30 novembre 1477, les envoyés ne traversèrent la Manche qu'en mars 1478; ils dirent au comte de Castres « qu'ils s'étoient mis une première fois sur la mer pour partir », mais que le roi les avait contremandés. (Bibl. nat., ms. fr. 2908, fol. 24.) Le 13 mars, il leur remit de nouveaux pouvoirs en vertu desquels ils pouvaient prolonger indéfiniment la trêve d'Amiens. (Rymer, t. XII, p. 52.)

2. Le 12 mars, Louis XI informait le chancelier que le comte de Castres et le grand chancelier s'en allaient vers les Anglais : « Besoignez avecques eulx, ajoutait-il, et prenez les gens qu'ils vous diront. » (Bibl. nat., ms. fr. 2893, fol. 70, Orig. pap.)

3. Les résultats de l'examen de Boffille sont consignés dans une relation rédigée sans doute par Boffille lui-même, sous le titre de : *Mémoire de ce que le conte de Castres a pu sentir du docteur Langton d'Engleterre envoyé au Roy*. Bibl. nat., ms. fr. 2908, fol. 24. (Minute, pap.) et ms. fr. 6985, fol. 612. (Copie du dix-huitième siècle.)

d'empescher la paix et de divertir ledit Roy d'Engleterre de y entendre, et pareillement aux autres qui sont entour de luy ». Ainsi averti, Louis XI paya un nouvel acompte de 10,000 écus sur la rançon de sa cousine le 31 mars[1], et un autre de 15,000 le 14 juin[2]. Le 13 juillet[3], il donnait pouvoir à Charles de Martigny, évêque de Perpignan et son ambassadeur en Angleterre, de proroger jusques à cent ans la trêve du 15 octobre 1477, et donner sûreté pour la continuation en payement de 50,000 écus d'or par chacune desdites cent années au gouvernement anglais.

Presque en même temps, Louis XI mettait de nouveau en usage l'habileté et l'expérience exercée du comte de Castres. Le 11 juillet[4], étant à Arras, le roi, en exécution de la trêve d'un an conclue à Vieux-Venden avec les Flamands, le désignait avec Louis d'Amboise, évêque d'Albi, Jean de Monchenu, évêque de Viviers, et Odet d'Aydie, comte de Comminges, comme arbitre ayant pouvoir de juger et décider conformément à ladite suspension d'armes.

Ces relations avec les envoyés des puissances du Nord sont des exceptions dans la carrière de Boffille. Louis XI le réservait de préférence aux négociations avec les ambassadeurs italiens où les ressources de son fertile esprit se déployaient plus à leur aise et où sa pratique des hommes et de ses compatriotes s'exerçait avec plus de fruit. Commynes et Boffille sont, à cette époque, les ministres de prédilection du roi toutes les fois que les questions italiennes sont en jeu[5]; ce sont ses agents favoris, ses interprètes de confiance et ses conseillers écoutés pour préparer et transmettre ses commu-

---

1. Rymer, t. XII, p. 55.
2. *Ibid.*, p. 65.
3. *Mém. de Philippe de Comines* (édit. Lenglet-Dufresnoy), t. III, p. 549, P. J., n° 293.)
4. *Ibid.*, n° 292, et Bibl. nat., mss. fr. 6985, fol. 163, et 10187, fol. 188.
5. Un peu plus tard (14 novembre 1480), le duc de Milan recommandait par deux lettres particulières, l'une à Boffille, l'autre à Commynes, Christophe de Castillon, son orateur à Louis XI. (Arch. de Milan, Potenze estere. Francia.)

nications aux orateurs de la péninsule. Nous allons voir Boffille à l'œuvre dans une des affaires les plus importantes de la politique de Louis XI à la fin de son règne.

Le 17 août 1478 [1], à Selommes, le comte de Castres assiste à la rédaction des lettres que le roi promulgua en faveur de la République de Florence dont il voulait pacifier les différents nés de la conjuration des Pazzi. Cette lettre n'était que le prélude de l'intervention plus active que le roi de France méditait dans les démêlés de l'Italie. On sait qu'à la suite de la conspiration des Pazzi, le pape et le roi de Naples s'unirent pour accabler la République de Florence : la ruine de cet état au profit des deux confédérés eût pu détruire l'équilibre politique de l'Italie. Afin de parer ce danger, le duc de Milan, le duc de Ferrare et les Vénitiens conclurent une contre ligue dont l'objet était la défense de Florence. Cette dernière ligue implora la protection de Louis XI qui offrit sa médiation aux belligérants. A cet effet, le 20 novembre, il désigna huit ambassadeurs dont Gui d'Arpajon, Antoine de Morlhon, président au Parlement de Toulouse, Jean de Voisins, vicomte d'Ambres, Jean de Morlhon, etc., pour aller apaiser les troubles d'Italie. Leurs instructions dressées le même jour [2] portaient qu'ils devaient

1. *Mémoires de Philippe de Comines* (éd. Lenglet-Dufresnoy), t. III, p. 552. P. J., n° 399. Déjà, le 10 août, étant à Chartres, Louis XI avait mandé à la duchesse de Milan qu'il allait envoyer des secours aux Florentins contre le Pape et le roi d'Aragon. (Charavay, *op. cit.*, P. J., n° 8), et le même jour, il avait écrit à Sixte IV une lettre menaçante. (Malipiero, *Annali veneti*, dans *Archiv. stor. italiano*, Firenze, 1843, t. VII, 1re série, p. 247.)

2. Voir dans *Mémoires de Ph. de Comines* (éd. Lenglet-Dufresnoy), t. IV, p. 165 : *La Relation exacte de la négociation faite par les ambassadeurs du roy Louis XI pour traiter de la paix entre le pape Sixte IV et le roy de Naples, d'une part, et la République de Venise, les ducs de Milan et de Ferrare et la République de Florence, de l'autre*. Voir aussi Desjardins, *Négociations diplomatiques de la France avec la Toscane* (Coll. de documents inédits sur l'histoire de France), Paris, 1859, t. I, p. 175. Legeay, *op. cit.*, t. II, p. 326. Dantier, *Sixte IV, Louis XI et la Confédération italienne* dans *l'Italie, études historiques*, Paris, 1876, t. II, p. 173.

Thouars, 30 décembre 1478. Jean André Cagnola au duc de Milan, dans Kervyn de Lettenhove, *op. cit.*, t. I, p. 234. V. aussi Mandrot, *op. cit.*, p. 86.

surtout presser le pape de s'accorder avec les Florentins et représenter aux différents partis la nécessité où ils étaient d'accommoder leurs dissensions s'ils ne voulaient pas exposer leurs états et tous les états chrétiens aux invasions des Turcs. C'est sur cet argument que Louis XI comptait pour faire aboutir sa médiation. A la fin de décembre, étant à Thouars, en présence de Boffille et de Commynes, il le répétait en le développant aux représentants de la confédération italique [1].

Boffille était toujours le fidèle ami du duc de Milan; et dans ces conjonctures son appui n'était pas à dédaigner. Les ambassadeurs français, après avoir traversé Milan (27 décembre), puis Florence (10 janvier), étaient arrivés à Rome le 24 janvier. C'est là que les obstacles surgirent. Pendant cet hiver, Sixte IV avait trouvé, en Suisse, chez les ligues des Hautes-Allemagnes, comme on appelait alors les cantons suisses de langue allemande, un appui contre le duc de Milan [2]; les Suisses encouragés, semble-t-il, par Ludovic le More [3] s'étaient avancés jusqu'à Bellinzona : à la requête de Bonne de Savoie et sur les instances de ses orateurs, Cagnola et Visconti, Boffille dut prier Louis XI de menacer de sa colère Ludovic, s'il ne cessait ses menées criminelles et de vouloir bien être médiateur entre les Suisses et elle. Cependant, enhardi par cette diversion des ligues, le pape éludait une réponse en faisant traîner les choses en longueur, et les pourparlers avec les envoyés français duraient encore à la fin de mai. Entre temps, le roi d'Angleterre éprouva le désir de contribuer aussi à la paix de l'Italie. Par un docteur qui s'arrêta à la cour de France en se rendant à Rome, il fit avertir Louis XI qu'il y avait envoyé une ambassade; il le priait de

1. Arch. de Milan. Potenze estere. Francia. Tours, 14 janvier 1479. Charles Visconti au duc de Milan. *Ibid.*, Milan, 15 février 1479. Le duc de Milan à Charles Visconti.

2. Chinon, 13 janvier 1479. Cagnola au duc de Milan. Kervyn de Lettenhove, *op. cit.*, t. I, p. 237. Arch. de Milan. Potenze estere. Francia.

3. Arch. de Milan. Potenze estere. Francia. Milan, 1er avril 1479. Le duc de Milan à Jean-André Cagnola. Voir Mandrot, *Relations de Charles VII et de Louis XI avec les cantons suisses*, Zurich, 1881, p. 165 et suivantes.

la recommander à ses ambassadeurs outre-monts [1]. Très sensible à ce procédé, Louis XI donna au docteur anglais pour l'accompagner à Rome un de ses secrétaires. Dans le premier moment, le roi ne savait quel secrétaire choisir et il écrivait de Forges, le 14 mars, au chancelier : « Mons' le chancelier j'escrips à Monsieur le conte de Castres qu'il envoye un secrétaire de la chancellerie à Romme avecques le docteur du roy d'Angleterre qui s'en y va, et pour ce, comment que ce soit, baillez-lui en ung, et lequel s'en parte quant et lui. »

Cette difficulté fut levée le même jour : Louis Toustain, maître des comptes, conseiller et secrétaire du roi, fut agréé [2], et le 16 mars, Boffille lui remettait, signées de sa main, les instructions qui devaient guider sa conduite [3]. Elles prescrivaient à Toustain de faire au docteur anglais « pour tout le chemin durant le royaume et aussi par les Italies l'honneur appartenant ». Quand ils auraient rejoint les ambassadeurs du roi, ceux-ci ne devaient rien décider que de concert avec l'agent d'Édouard IV : tout le long de la route, Toustain prendrait peine de bien établir que le roi de France et « le roy d'Angleterre sont tout un et d'un même vouloir et propos ». La démonstration d'Edouard IV ne fut pas inutile, et le pape dut finalement promettre de se soumettre à l'arbitrage des deux rois (juin) [4].

Cependant, Louis XI avait accepté d'être médiateur entre les Milanais et les Suisses; mais, malade, il ne voulut pas

---

[1]. Bibl. Nat., ms. fr. 2893, fol. 44. (Orig. papier). Remarquons que les pouvoirs du roi d'Angleterre à ses envoyés ne sont que du 17 avril. (Rymer, t. XII, p. 109.)

[2]. *Mém. de Phil. de Comines* (éd. Lenglet-Dufresnoy), t. IV, p. 240. Lettre de Louis XI à ses ambassadeurs à Rome, les informant que Louis Toustain escorte dans son voyage le docteur anglais. Forges, 14 mars.

[3]. *Ibid.*, p. 240. Toustain revint en France au mois de juin. Voir la lettre de Commynes aux ambassadeurs de la ligue, Vitry, 26 juin, dans Kervyn de Lettenhove, op. cit., t. II, p. 269.

[4]. Nous ne renvoyons pas à l'ouvrage de M. Erich Frantz, *Sixtus IV und die Republik Florenz*, Regensburg, 1880, parce ce qu'il est de seconde main et ne met en œuvre que les documents publiés par Lenglet-Dufresnoy.

écouter les représentants des deux parties, qu'il ajourna devant Boffille[1]. Celui-ci, ainsi que Commynes, du reste, était fort empressé vis-à-vis des orateurs milanais; ils leur communiquaient tous les avis qui pouvaient leur être utiles, soit par ordre du roi, soit de leur propre chef, pour se rendre agréables; « car, écrivait Charles Visconti, tout le monde aime à chasser la caille lombarde, gibier gras et facile à prendre[2] ». Boffille leur donnait des conseils et les défendait auprès de Louis XI. Ainsi, il leur avait promis de saisir un moment où le roi serait de belle humeur pour lui demander si le duc de Milan ne ferait pas bien de députer quelqu'un à l'empereur; mais Commynes fut d'un avis contraire qui prévalut, car Boffille partit pour le Luxembourg, où le roi le dépêchait[3].

Les Italiens avaient alors plus besoin de conseils que jamais; le pape n'avait pas tenu sa parole, et son allié, le roi de Naples, reprit les hostilités au printemps. C'est peu après que la ligue italienne accrédita de nouveaux plénipotentiaires auprès de Louis XI. Ils lui firent leur exposition, semble-t-il, dans la première quinzaine de novembre. Le roi, qui, dès les premiers jours d'octobre, s'était remis sur Boffille, revenu à la cour, et sur du Bouchage du soin de conférer avec les députés de la Ligue[4], ne voulut pas leur répondre en personne; ce fut Boffille qui s'acquitta de cette commission. Les déclarations de ce dernier[5], si familier des affaires et des rivalités de la pénin-

1. Kervyn de Lettenhove, op. cit., t. II, p. 285. Charles Visconti au duc de Milan. L'arbitrage de Louis XI échoua, et le gouvernement milanais, en fin de compte, avait recours directement au pape. Bibl. nat., ms. ital., 1592, fol. 163. Milan, 23 novembre 1479. Le duc de Milan à son orateur, à Rome.

2. Ibid., p. 256. Le même au duc de Milan. Paris, 12 juin 1479. — Cagnola au duc de Milan. Montargis, 11 mai 1479. Ibid., p. 252.

3. Paris, 20 juin 1479. Charles Visconti au duc de Milan. Kervyn de Lettenhove, op. cit., t. II, p. 260.

4. Arch. de Milan. Potenze estere. Francia. Tours, 4 octobre 1479, Cagnola et Visconti au duc de Milan.

5. Arch. de Venise. Senato. Deliberazioni secrete, t. XXIX, fol 61 v°, 14 décembre 1479. Réponse du Sénat à la dépêche de Bertucio Gabriel, du 16 novembre.

sule agréèrent fort aux confédérés, si nous en jugeons par la réponse qu'y fit le sénat vénitien. Malheureusement, nous ignorons la signification et la portée de ces déclarations si goûtées[1]. Quelles qu'elles fussent, le rôle de Louis XI touchait à sa fin; en présence de l'obstination du pape à repousser sa médiation, son intervention ne pouvait plus s'exercer. Du reste, la réconciliation de Laurent de Médicis avec le roi de Naples (16 mars 1480), si elle n'arrêta pas la guerre que le pape voulut entretenir seul, la ralentit au point que Sixte IV dut traiter le 12 décembre 1482; sa résistance ne réussit qu'à lui permettre de faire la paix sans le concours de la France.

Cependant, avant que le rapprochement de Laurent de Médicis et du roi de Naples, qui pouvait devenir funeste à l'influence française en Italie, fût un fait accompli, dès la fin de l'année 1479, peu après sa réponse aux ambassadeurs de la ligue, Boffille, à qui l'inaction forcée de Louis XI laissait quelque loisir, quitta la cour[2] et se dirigea vers les Pyrénées où il avait à visiter et son comté de Castres et sa seigneurie de Lézignan et son gouvernement de Roussillon.

Ce n'est pas que cette vice-royauté eût à souffrir des longues absences de son gouverneur : sous sa haute surveillance, son lieutenant, Jacques Capech, le suppléait dans l'administration de cet important district : il poursuivait surtout avec activité la construction de la citadelle que le roi faisait bâtir à Perpignan : le 5 décembre 1478, son commis, Alexandre Ferron, régularisait le payement de 29 livres, 9 sous, 1 denier maille, fait aux ouvriers[3]; et le 12 décembre Jacques Capech

---

1. M. Buser, *Die Beziehungen der Mediceer zu Frankreich*, Leipzig, 1879, p. 216, a l'air de croire que les députés de la Ligue avaient informé Louis XI de l'alliance conclue par Laurent de Médicis lors de son voyage à Naples ; mais l'exposition des envoyés des confédérés est antérieure au 16 novembre, tandis que le départ de Laurent vers cette ville est du 5 décembre. Fabronius, *Laurentii Magnifici vita*, Pise, 1783, t. I, p. 101. Reumont, *Lorenzo de Medici el Magnifico*, Leipzig, 1883, t. I, p. 352.

2. Arch. de Milan. Potenze estere. Francia. Tours, 5 décembre 1479. Cagnola et Visconti annoncent au duc de Milan le prochain départ du comte de Castres pour Perpignan.

3. Bibl. nat., ms. fr. 26097, n° 1724 (Orig. parch.).

lui-même certifiait que Simon Maury, commis à tenir le compte et faire le payement de la citadelle en question, avait payé à Jaume Maisset, maçon, 200 livres à valoir sur les travaux du « talus des fossez de ladite citadelle »[1].

Les lieutenants de Boffille suffisaient amplement, on le voit, à l'expédition des affaires courantes : il fallait donc des circonstances nouvelles, exceptionnelles pour le résoudre à faire une tournée d'inspection dans sa vice-royauté. Ces circonstances étaient alors de deux sortes. D'abord après la paix conclue, le 9 octobre 1478[2], entre la France et l'Aragon, le vice-roi avait à régler avec les représentants du roi d'Aragon quelques questions de délimitation de frontières laissées pendantes; puis il avait à faire une nouvelle répartition des troupes françaises dans les places fortes de son gouvernement. En deuxième lieu, Boffille devait observer les mouvements de Ferdinand d'Aragon. Ce prince venait de traiter avec le Portugal[3] et on redoutait que violant l'acte du 9 octobre 1478, il ne tentât de soulever les populations du Roussillon qui, aragonaises de cœur, insubordonnées par nature étaient sans cesse en effervescence contre les Français.

Boffille partit dans les premiers jours de décembre[4]; à son arrivée il dut envahir l'Ampourdan par représailles contre le châtelain d'Amposta; ce fonctionnaire, par un patriotisme exagéré, mais qui ne dut pas déplaire à son maître, avait fait des courses dans le Roussillon et en Cerdagne[5].

C'est sans doute à cette époque que se réfère une lettre adressée de Vinça[6], le 13 août, par Boffille au général des

---

1. Bib. nat., ms. fr. 26097, n° 1729 (Orig. parch.). V. ibid., n°° 1695, 1696, 1699, 1701, 1804 et 1834.

2. Dumont, t. III, 2° partie, p. 66.

3. Zurita, Anales de la corona de Aragon, Saragosse, 1610, t. IV, p. 306.

4. Arch. de Milan. Potenze estere Francia. Tours, 5 décembre 1479. Cagnola et Visconti annoncent au duc de Milan le prochain départ de Boffille pour Perpignan.

5. Henry, op. cit., t. II, pp. 165-170.

6. Pyrénées-Orientales. Arr. de Prades.

finances de Languedoc, François de Génas[1], et qui nous est un indice de la sollicitude qu'il avait pour ses vassaux du comté de Castres. Il les recommande chaudement à Génas qui leur a envoyé « certaines commissions, tant du fait des mesnagiers povres que de la abolition generalle : ce sont deux choses de mauvaise digestion, ajoute-t-il ; toutesfois c'est bien raison que le Roy soit obbey et servy en tout et partout, et ne vous en sauroye autre chose que dire sinon que je vous prie tout ce que je puis que vueilliz avoir le diocese de Castres pour recommandé. » Il se propose d'aller auprès du roi en revenant de Puycerda : et il offre ses bons offices au général.

Les soins à donner à ses propriétés et à son gouvernement n'eussent peut-être pas suffi à retenir Boffille dans le Midi : ce fut l'amour, ou plutôt l'ambition, qui fit le reste. Le comte de Castres comprit qu'à un étranger comme lui, toute son intelligence, la faveur royale même avec tous ses bienfaits ne pourraient procurer la parfaite considération que si elles reposaient sur un établissement solide, c'est-à-dire, sur une alliance avec une famille de grande noblesse[2]. Par une heu-

---

1. *Bulletin du comité historique des monuments écrits de l'Histoire de France*, t. IV, p. 69, Paris, 1853. François de Génas s'occupait aussi des places de Roussillon : voir *Un général des finances sous Louis XI*, par le comte de Balincourt, Nîmes, 1887.

2. Nous ne croyons pas que la préoccupation d'avoir des héritiers ait été bien puissante sur Boffille : il avait des enfants naturels qui paraissent lui avoir été très chers même avant ses démêlés avec sa fille ; ainsi il avait déjà un fils naturel nommé François de Juge, né à Perpignan, d'une mère dont le prénom de Jeanne nous est seul parvenu : en janvier 1485, sur la requête de son père, Charles VIII lui accorda des lettres de légitimation l'habilitant à recueillir l'héritage de ses parents. (Arch. Nat. JJ 226, fol. 66 v°.) Ce fut sans doute à ce François de Juge que Boffille légua par son testament du 22 septembre 1494, 1,500 livres de rente avec le titre de vicomte (D. Vaissete, *op. cit.*, t. V, p. 64. Archives des Basses-Pyrénées, E 145). Il avait eu, semble-t-il, d'Eléonore de Villers un autre fils bâtard, que Louis XII légitima au mois d'août 1504 (Arch. Nat. JJ 235, fol. 112 v°). La liste de ses enfants naturels ne s'arrête pas là ; il avait une fille naturelle nommée Antoinette et dont la mère nous est inconnue, à qui il légua, par le testament déjà cité, 3,000 livres pour la marier (D. Vaissete, *ibid.*) ; mais nous ne saurions affirmer si ces deux derniers enfants sont nés avant ou après le mariage de Boffille avec Marie d'Albret.

reuse fortune, un personnage qui pouvait fournir à Boffille cette consécration de ses pairs et qui, d'autre part, recherchait ce que pouvait lui donner Boffille, nous entendons, la faveur royale avait une sœur à marier. Entre Alain d'Albret à la poursuite[1] d'un gendre influent sur le roi et Boffille de Juge à l'affût d'une union qui l'introduirait dans une illustre maison, l'entente finit par s'effectuer.

Le mariage fut célébré à Nérac, le 23 août 1480[2], en présence de Guy de Narbonne, fils du seigneur de Talleyrand. Marie d'Albret apportait en dot à son mari 30,000 liv., assises sur la seigneurie de Saint-Sulpice, dans la sénéchaussée de Toulouse.

Louis XI fit à son chambellan un magnifique cadeau de noces; par lettres en date du 5 avril 1480[3], il réglait, en les étendant singulièrement, ses attributions de vice-roi de Roussillon et de Cerdagne, au point de lui créer dans ces provinces un état presque indépendant. Après avoir exposé dans un long préambule que ces deux comtés lui sont parvenus par droit de conquête, et qu'ils ont l'habitude « d'estre gouvernés en autre police et conduitte que les autres pays » du royaume; que de plus, à cause de leur éloignement, il n'y

1. D'après la déposition de Raymond de Saint-Maurice, gentilhomme de la maison du sire d'Albret, faite le 19 octobre 1488 devant la commission instituée pour le divorce de Louis XII (De Maulde, *Procédures politiques*, etc. Collection de documents inédits sur l'histoire de France, Paris, 1885, p. 1040), Alain aurait d'abord été contraire au mariage de sa sœur avec Boffille; il n'y aurait consenti que sur les menaces du roi et après avoir essayé plusieurs fois soit par l'entremise du témoin, soit en faisant agir Pierre d'Abzac, évêque de Rieux, de fléchir Louis XI. Il se serait rendu lui-même à la cour sur l'ordre du roi, qui après avoir vainement tenté de le convaincre lui aurait dit : « Puisque vous vous opposez à cette union, il faut que vous vous déclariez pour ou contre moi. » D'Albret aurait alors répondu : « Sire, il y a bien choix : je seray des vôtres »; et il avait finalement agréé le mariage qui tenait tant au cœur du roi.

2. D. Vaissete, *op. cit.*, t. V. p. 54. — Voir le contrat de mariage, Bib. nat., coll. Doat, t. CCXXIII, fol. 122. (Copie du dix-huitième siècle).

3. Arch. nat., P 2300, p. 759. (Copie du dix-huitième siècle). C'est peut-être à cette affaire que fait allusion la lettre écrite de Tours le 20 mars 1480, par Boffille à la Chambre des comptes (Bib. nat. ms. fr. 6988, fol. 25. Copie du dix-huitième siècle).

pourrait « bonnement ny promptement pourvoir aux affaires tant de la guerre, reparation de places, que au fait des finances, » Louis, pour « se soulager et relever de peine », décide de remettre et laisser « entierement la charge, soin et sollicitude de tous les fais et affaires desdits pays ès mains de Boffille de Juge, sans qu'il soit plus besoing d'envoyer devers lui pour quelque cause ou matiere que ce soit » ; en conséquence, non seulement il lui confirme ses pouvoirs antérieurs, mais encore « a agreable ce que par vertu d'iceux a esté fait jusqu'à present », et lui octroye « pouvoir, auctorité et puissance de faire vivre en ordre et police les gens de guerre qui seront logez esdits pays et comté », d'en « faire la monstre et reveue toutes fois que mestier sera, de commettre à la garde des villes et places desdits pays telles personnes seures et fidelles qu'il verra estre affaire, de faire reparer et fortiffier lesdites villes et places qu'il connaistra estre necessaires pour la deffense et seureté desdits pays, de faire abattre et desmolir celles qui ne seront tenables ny deffensables, les faire envitailler de toutes provisions de vivres, poudres, artilleries, etc.; de resister par toutes voyes et manieres possibles aux entreprises des ennemis tant par mer que par terre, de rassembler les gens de guerre, les nobles du ban et de l'arriere-ban de Languedoc, de pourvoir à l'office de tresorier et procureur royal et à tous les offices et charges desdits pays, tant royaux qu'à ceux qui concernent la police, garde et gouvernement des villes et places desdits pays, etc. » En matière de finances, son rôle devient très important. « Il pourra faire les estats, rolles, acquits, ordonnances et mandements sur le fait des finances, tant ordinaires que des deniers communs de la ville de Perpignan et autres extraordinaires. » Il est entendu que le grenier à sel de Perpignan y est compris et que les officiers d'« iceluy » ne seront pas tenus de rendre compte en Languedoc. Pareillement, Boffille aura la faculté de convertir et employer les sommes appointées par son trésorier sur les revenus de Languedoc « ès reparations, fortiffications, envitaillemens, gardes de places et autres affaires, ainsi qu'il avisera sans avoir egard au departement qui en a esté ou sera fait par l'es-

tat général des finances de Languedoc »; il est dispensé d'en
« respondre ou rendre compte » à la Chambre des comptes de
Paris ou autre part, si ce n'est « devant le roy ou ses commis
à ce ». Enfin, par un dernier article, Louis XI armait Boffille
de pouvoirs presque régaliens ; il laissait à sa discrétion « de
donner, remettre et quitter ou faire lever en la main du roi
toutes les amendes, forfaictures, espaves, aubennages, biens
vacquants »; de conférer les dignités et bénéfices aux personnes qu'il en jugera dignes. Le vice-roi aurait droit de grâce
pour les crimes commis dans les limites de son gouvernement ;
une seule exception était faite pour les crimes de lèse-majesté.
Enfin, le commerce rentrait dans ses fonctions : il pouvait,
suivant les besoins, « elargir, ouvrir et ordonner liberté,
clore, restraindre et moderer le fait du commerce et frequentation, et communication des marchands et marchandises
desdits pays avec ceux ou celles du pays de Catalogne, etc. »
Boffille concentrait entre ses mains, on le voit, les attributions
les plus diverses et les plus fortes : maître de l'armée, des finande la justice et du commerce, il était presque souverain dans
sa vice-royauté, qui sortait ainsi des cadres ordinaires des
gouvernements et devenait une sorte d'état dans l'état.

Louis XI, qui avait, sans doute, à se louer de l'attitude de
Boffille dans le procès de Nemours, faisait appel à son zèle et
l'employait dans une procédure identique ; il le désignait
comme un des juges de René d'Alençon, comte du Perche[1].

1. Jamais à notre connaissance le procès du comte du Perche n'a été
publié en entier. Quelques-uns des procès-verbaux des séances que le Parlement de Paris consacra à cette procédure ont été transcrits dans les
*Additions aux recherches d'Alençon et du Perche esquelles sont insérées
plusieurs lettres et declarations du roy pour Jean et René, ducs d'Alençon,
et desdits Jean et René au roy, le procès criminel fait audit René,* etc.,
par Bry de la Clergerie, Paris, 1621, in-4°. Les Arch. nat. possèdent un
ms. de la procédure (J 949 n° 6), manuscrit sur papier et du quinzième
siècle (petit in-4° sur papier de 189 feuillets), qui doit être une copie
exécutée sur les minutes même du procès. C'est ce ms. que nous citerons
de préférence. Plusieurs copies du procès, et qui ne diffèrent pas de ce
ms., sont conservées à la Bibl. nat. (mss. fr. 2894, 7616, 16560, 23335,
23841, 23842, 23843, et Coll. Dupuy, t. 526). Elles sont du dix-septième

Ce seigneur, dont la fidélité à Louis XI avait jusqu'alors résisté à toutes les suggestions, puisque lors de la guerre du Bien Public il avait soutenu le roi, tandis que son père, le duc d'Alençon avait embrassé le parti des princes, avait éprouvé un vif mécontentement de ce que Louis XI, sous le prétexte plus ou moins fondé que ses serviteurs avaient commis quelques excès, « lui ôta quelques-unes de ses pensions et ne lui restitua pas une partie des terres confisquées sur son père ». C'est alors qu'il forma le projet de se réfugier en Bretagne[1]. Le roi eut connaissance de ce dessein et donna l'ordre à Jean de Daillon, de l'arrêter[2]. Il fut enfermé d'abord au château de Chinon.

La même procédure observée dans le procès du duc de Nemours fut observée dans celui du comte du Perche : c'est-à-dire que Louis XI délégua à une commission, présidée par le chancelier Doriole, et composée de Jean de Daillon, seigneur du Lude, de Jean Blosset, seigneur de Saint-Pierre, grand sénéchal de Normandie, de Léonard des Pontaulx, président de Bourgogne et trésorier de France, et de Philippe Baudot, conseiller au Parlement, l'instruction des faits reprochés à l'accusé. Cette enquête terminée, ses pièces furent soumises au Parlement de Paris à qui, après l'adjonction du comte de Castres, on remit la sentence.

La commission fut nommée par lettres patentes en date du 27 août 1481[3]. Le roi rappelait aux commissaires que « par certaines informations » le comte de Perche a été « trouvé

ou du dix-huitième siècle. Du reste, tous ces mss. ne contiennent pas le texte complet du procès; dans tous manquent les dépositions et les interrogatoires des témoins et des complices.

1. Duclos, *op. cit.*, t. II, p. 285 et suiv.; Barante, *op. cit.*, t. VIII, p. 99 et suiv.; Legeay, *op. cit.*, t. II, p. 428.

2. Le 14 août 1481 Louis XI fit rédiger des lettres patentes où il reconnaissait qu'il avait autorisé verbalement Jean de Daillon à arrêter René d'Alençon (*Mém. de Ph. de Comines*, éd. de Lenglet Dufresnoy, t. IV, p. 76).

3. Il y a ici une étrange anomalie : en effet, le premier interrogatoire, dirigé par les commissaires, est du 24 août 1481, d'après tous les mss. Nous n'avons, il est vrai, qu'un texte de ces lettres patentes : c'est une copie du temps sur papier (B. N., Coll. Dupuy, t. 825, fol. 5).

chargé d'avoir celeement et sans notre sceu envoyé certains messaiges devers aucuns princes et seigneurs qui ont eu par cy devant et encores ont aliances, amitiez, communications et intelligences avecques plusieurs autres princes, sont noz ennemys..... et par les messaiges, que ledit conte du Perche a envoyé, leur avoit fait savoir qu'il s'en vouloit celeement et à notre desceu fouyr et absenter hors nostre obeissance..... ». De ces démarches, il ressort « qu'il avait quelque pensée ou conspiracion precogitée de traicter, pourchacer et faire, s'il eust peu, quelque chose au prejudice de nous et de la chose publique ». En conséquence, le roi les charge de prendre et recuillir « toutes les informacions faictes et à faire, et aultres preuves et actestacions quelzconques qui pourront servir à savoir et actaindre la verité des cas dessusdits..... » d'interroger qui bon leur semblera, etc.

Les commissaires se transportèrent sans retard à Chinon et commencèrent au château de cette ville les interrogatoires par celui du comte du Perche, le 21 août. Ces interrogatoires s'y continuèrent jusqu'au 31 décembre[1], puis du 8 au 12 janvier, au château du Coudray, où le prisonnier avait été transféré[2].

Le comte du Perche[3] convint sans détour qu'il avait eu l'intention de se retirer en Bretagne; mais il protesta « qu'il n'eust point voulu longuement demourer avecques les Bretons » et que « quand il eust esté en Bretagne, il eust essayé de recouvrer la bonne grace du Roy ». Puis, il déclina la compétence des commissaires et se réclama des privilèges de la pairie; il prétendit n'être tenu de répondre devant qui que ce soit « fors devant le Roy, les pairs et la cour de Parlement ». On lui objecta qu'il ne pouvait se prévaloir de ce droit puisque son père en avait été privé. Le comte défendait énergiquement son opinion; les délégués du roi entamèrent avec

1. Arch. nat., J 949, fol. 1-106.
2. *Ibid.*, J. 949, fol. 107-134. La commission, du 21 août au 12 janvier, siégea trente-sept fois.
3. Nous résumons brièvement l'instruction qui est en dehors de notre sujet, puisque Boffille n'y paraît pas.

lui, sur ce sujet, une longue discussion qui devait se renouveler devant le Parlement de Paris et finirent par le persuader de leur répondre. Ils essayèrent de lui faire avouer que de Bretagne il avait entendu passer en Angleterre, mais il nia avec force : « il iroit, dit-il, plustost devers le Turc que devers le Roy d'Angleterre ». On lui reprocha (25 octobre) d'avoir dit au bâtard d'Alençon, au moment de la maladie du roi, « que si le Roy estoit mort, il mettroit peine de recouvrer ses terres » et on lui proposa de le confronter avec ce personnage. Il refusa et raconta qu'une fois à la Flèche « ledict bastard d'Alançon et Olivier le Beauvoysin se promenoient ensemble, et en devisant ledict bastard commença à dire que c'eut esté grand dommage et grand pitié si le Roy fust mort, car Monseigneur le daulphin estoit jeune et y avoit danger que les estrangers ne voulsissent venir au royaume..., etc. ». Sur quoi René, à l'en croire, aurait affirmé « qu'il faudroit bien que luy et tous les autres seigneurs se tirassent devers Monseigneur le daulphin et tous mettre peine de loyaument le servir, et le mener couronner le plustost que on pourroit... ». Dans la même séance, on lui posa une question qui a frappé presque tous les historiens de Louis XI[1], et qu'ils ont presque tous rapportée : on lui demanda s'il était vrai que le bâtard d'Alençon lui eût dit que s'il tenait le roi dans un de ses rendez-vous de chasses il lui donnerait volontiers six grands coups de dague. Le comte du Perche jura ne point se souvenir que le bâtard eût tenu ce discours.

Les commissaires semblent avoir été surtout préoccupés de découvrir les espérances du comte du Perche, quand Louis XI eut, en janvier 1481, cette attaque qui manqua l'emporter : la sœur bâtarde de l'accusé, Jeanne d'Alençon, dame de Saint-Quentin, avait chargé son frère, qui en apprenant la maladie du roi lui aurait dit : « Ma sœur, Jean d'Autry m'a apporté de bonnes nouvelles : le roi est fort malade, mais il m'a délivré mes greniers; » à l'annonce de sa guérison, il avait exprimé

---

1. Duclos, *op. cit.*, t. II, p. 288. Le 31 décembre, on le confronta avec un nommé Georges Joye qui prétendait avoir entendu le bâtard d'Alençon prononcer ces paroles à Senlis. (Arch. nat., J 949, fol. 405.)

l'espoir que le roi « ne scauroit encores vivre deux ans et que
« le malheur ne seroit pas tousjours en un lieu, et que aussy
« bien pouvoit il souffrir et endurer pendant le temps des-
« dictes deux ans, comme il avait fait cinq ou six ans qui jà
« estoient passez »[1].

Confronté le 4 décembre[2] avec sa sœur, René contesta
avec vivacité cette imputation, tandis que Jeanne maintint
formellement sa déposition : ce propos d'après elle, aurait
été tenu en présence de Jean de la Berchière, un des officiers
du comte. Celui-ci nia avoir entendu rien de pareil[3], bien
plus, un de ses autres serviteurs, Jean de Sahurs, affirma
que loin d'approuver la conduite du duc de Bretagne, son
maître l'avait toujours blâmée[4].

En somme l'information ne semble avoir révélé aucun fait
grave à la charge du comte : il était tout au plus coupable de
quelques écarts de langage ; on lui reprochait d'avoir entre-
tenu avec le duc de Bretagne une correspondance compromet-
tante ; mais on ne pouvait produire cette correspondance.

Enfin le procès fut renvoyé au Parlement de Paris : le
19 mars 1482, le roi écrivit à cette Cour « qu'il avoit donné
charge, au sire de Beaujeu de s'en aller à Paris pour besongner au procès du conte du Perche et en communiquer avec
elle »[5]. Le 26 mars, Beaujeu fit son entrée au Parlement,
auquel il signifia « que l'intention du Roy estoit que on beson-
gnast en toute diligence ou procès dudit conte du Perche, et
que Messieurs advisassent ce qui seroit necessaire de faire en
ceste matiere pour bien et honneur de justice ». Incontinent et
en présence du gendre de Louis XI, la Cour députa « à veoir
et visiter le procès dudict conte du Perche, maistres Jean
Avin, Jean Baudry et Jean Pellieu, conseillers ». Conformément aux volontés de la Cour, lecture lui fut faite de leur
rapport, le vendredi 29 mars, après quoi les conseillers com-

1. Arch. Nat. J 949, fol. 60. Séance du 4 décembre 1481.
2. *Ibid.*, fol. 62.
3. *Ibid.*, fol. 12. Séance du 8 septembre 1481.
4. *Ibid.*, fol. 118. Séance du 9 janvier 1482, après dîner.
5. *Ibid.*, fol. 142.

mencèrent à opiner, ce qui dura jusqu'au 1ᵉʳ avril ; ils décidèrent alors : « qu'il estoit expedient et necessaire de obtenir lettres patentes du Roy nostre sire... pour cognoistre, veoir et visiter, juger et decider le procès dudit du Perche, avecques ce estoit expedient de avoir et recouvrir certaines lettres dont s'est venté ledit du Perche, contenant, comme il dit, restitution, don et octroy à son feu pere et à luy faictes par le Roy, nostre sire, des privileges de pairie ».

Ici la procédure subit une assez longue interruption ; elle ne reprend que le 9 juillet : ce jour-là[1] le comte de Castres vient en la grandchambre et déclare qu'il est envoyé par le roi « pour vacquer et besoigner au procès du conte du Perche » et dépose sur le bureau les lettres patentes et missives qui lui confèrent cette mission. Après les avoir examinées, la Cour conclud que demain et autres jours ensuivans, elle vacquera à veoir et visiter ledit procès à telle fin qu'il appartiendra ». Cet examen, commencé le 10, l'occupe jusqu'au 16[2] : ce jour-là elle décide que le 18 au matin elle se transportera au bois de Vincennes « là ou le conte du Perche est de present detenu prisonnier par ordonnance du Roy, pour luy lire en sa presence ce qui a esté fait avecques luy en son dit procès[3] ».

En conséquence, le 18, la Cour au complet se rend à Vincennes[4] : le comte de Castres est parmi ses membres, il est inscrit dans la liste de présence, immédiatement à la suite des trois présidents. M. de Corbie, premier président, explique à l'accusé que le roi a saisi le Parlement de Paris de son procès,

---

1. Arch. nat., J 949, fol. 142 v°.
2. Ibid., fol. 143.
3. Ibid., fol. 143 v°. Le comte du Perche avait dû être amené au bois de Vincennes dans le courant de février : le 24 de ce mois, le roi avait autorisé Béraud Stuart, seigneur d'Aubigny, chargé de mener et garder René d'Alençon au château de Vincennes, à percevoir jusqu'au 1ᵉʳ janvier tous les revenus des greniers d'Alençon et jusqu'au 1ᵉʳ octobre ceux des greniers de la Flèche et de Château-Gontier, pour la nourriture et l'entretien du prince prisonnier et de ses serviteurs (Bibl. nat., ms. fr. 10371, fol. 89. Copie du dix-huitième siècle).
4. Arch. nat., J 949, fol. 144 et suiv. Cf. Bry de la Clergerie, op. cit., p. 36.

et que le comte de Castres a reçu ordre d'assister la Cour.

Le comte du Perche, persistant dans son système de défense, décline la juridiction du Parlement : il n'est justiciable que du Parlement garni de ses pairs ; il en appelle au roi qu'il n'a pas trahi. On fait retirer le prisonnier, et la Cour, après avoir délibéré sur l'incident, est d'avis qu'on lui donnera lecture des lettres patentes qu'il invoque. Il pouvait y avoir matière à controverse. En effet, par ses premières lettres, promulguées à Tours le 11 octobre 1461, le roi dit formellement rétablir le père de l'accusé « dans les prerogatives, dignités et droits de pairye, pour luy, ses hoirs et successeurs [1] ». Cependant par une seconde lettre d'abolition, octroyée après la guerre du Bien Public, le 20 janvier 1468 [2], à Jean d'Alençon, le roi lui restitua bien toutes les terres et seigneuries qui lui avaient été confisquées pendant son séjour en Bretagne, mais pas la moindre allusion n'était faite aux prééminences que conférait la pairie.

Il est vrai que comme correctif à ce silence, le même jour [3] Louis XI délivrait au comte du Perche l'assurance « que le fait et coulpe du duc d'Alençon, son pere, ne chose qu'il mefface envers nous cy après ne puist en rien prejudicier à iceluy nostre cousin du Perche, qu'il ne viengne en tout et partout à toutes et chascunes les seigneuries, dignités, prerogatives et droits de nostre dit cousin d'Alençon » [4]; d'autre part, dans l'engagement pris le 26 janvier 1468 [5], par le comte du Perche, de servir fidèlement le roi, le mot de pairie n'est pas prononcé.

1. Bry de la Clergerie, op. cit., p. 1. Cet acte absolvait le duc d'Alençon, condamné à mort en 1458, pour avoir voulu livrer la Normandie aux Anglais (Hist. des règnes de Charles VII et de Louis XI, par Thomas Basin, édit. Quicherat, t. II, p. 284). Arch. nat., J 949, fol. 167.

2. Bry de la Clergerie, op. cit., p. 10. Thomas Basin, op. cit., t. III, p. 178, note 3. Arch. nat., J 949, fol. 156.

3. Bry de la Clergerie, op. cit., p. 15. Arch. nat., J 949, fol. 159 v°.

4. Nous n'analysons que les lettres les plus importantes et contenant des articulations essentielles sur le point tant controversé de savoir si l'accusé était bien encore en possession de tous les privilèges de pair. On les trouvera rapportées dans Bry de la Clergerie, op. cit.

5. Ibid., p. 17. Arch. nat., J 949, fol. 162 v°.

Le président fit observer au prince que l'interprétation de ces lettres allait contre ce qu'il voulait prouver ; il se retrancha derrière une autre difficulté. Toutes les lettres royales n'étaient pas là, d'après lui ; il en manquait plusieurs ; d'abord, une déclaration explicite par laquelle « ledit seigneur l'avait remis et restitué en ses dignités, privileges et prerogatives », puis une autre accordée par le roi pendant que « ses trois estats » étaient rassemblés à Tours ; c'était une lettre de pleine restitution ; mais il n'osa la faire expédier parce que le roi y donnait curateur à son père ; enfin, « touchant la dicte pairie », il devait y avoir d'autres lettres ; elles étaient conservées à La Flèche au moment de son arrestation. Ceci revenait à accuser indirectement du Lude, son geôlier, d'avoir fait disparaître ces papiers. Le comte ne se borna pas à ces insinuations ; il accusa hautement du Lude « d'avoir consceu une grande hayne contre luy », de l'avoir desservi auprès du roi, d'avoir épié sa conduite, de l'avoir poussé à quitter le royaume, de l'avoir effrayé pendant sa prison à Chinon pour lui faire reconnaître des fautes qu'il n'avait pas commises. C'est là qu'il raconta les indignes traitements que lui avait infligés du Lude[1]. « Pour les faux rapports que avoit faict ledit seigneur du Lude au Roy de luy..., il avoit esté mis à Chinon en une cage de fer d'un pas et demy de long en laquelle il fut environ six jours sans en partir, et luy donnoit on à manger avecques une fourge, et par après lesdits six jours on le tiroit hors de la dicte cage pour manger et après estoit remis dedans la dicte cage où il est demeuré par un yver l'espace de douze sepmaines, à l'occasion de quoy il a une espaule et une cuisse perdues et une maladie à la teste dont il est en grand danger de mourir ».

Après avoir écouté ces doléances, la Cour lui fit lire ses « confessions » et chercha sans grand succès à éclaircir certains points ; il en résulta néanmoins un supplément d'information dont le président, en présence de la Cour et du comte de Castres, fit donner lecture à René d'Alençon le 6 août[2].

[1]. Arch. nat., J 949, fol. 170.
[2]. Ibid., fol. 177 v°. Bry de la Clergerie, op. cit., p. 44.

Le 9 août, la Cour se déclara compétente pour voir au long le procès « sans préjudice des declinatoires et appellatoires de l'accusé [1] ». Le 12, elle fut prise de scrupules; il semble que l'obstination du comte du Perche à rejeter sa compétence l'ait émue. Avant de continuer, elle voulut connaître la volonté du roi; à cet effet, elle lui dépêcha le comte de Castres : il devait « l'advertir des diligences faictes par icelle court et de ce qu'elle a l'intention de faire à la perfection et parachevement dudit procès... [2] ». La réponse du roi lui fut apportée par Gaillardet de Montalin le 13 décembre [3] : Louis XI entendait « qu'il fust procédé à l'encontre du comte du Perche, comme à l'encontre d'un simple gentilhomme », et à l'appui de son dire, Montalin lui communiqua des lettres patentes datées du 29 septembre, en vertu desquelles le comte du Perche était privé et débouté de « l'exception declinatoire par luy proposée touchant le faict de pairie ».

Alors intervient un délai de deux mois qui peut avoir été rempli par la préparation du rapport. Le roi s'impatienta, et le 13 février [4], le comte de Castres, reparaissant devant la Cour, lui présentait des lettres patentes et missives du roi et les commentait; il ne fallait plus traîner en longueur, mais « besongner diligemment audit procès ». Cet avertissement coupa court aux hésitations du Parlement : il fixa le 15 comme jour de rendez-vous où les commissaires qui avaient conduit l'information se réuniraient à lui « afin de scavoir ce qui sera expedient de faire ».

Dans cette séance du 15 [5], la Cour, tout considéré, résolut de passer outre aux exceptions émises par l'accusé, de lui notifier sa décision en lui donnant lecture des lettres royales du 29 septembre, et délégua à cet effet G. de Corbie, J. d'Armes,

---

1. Bry de la Clergerie, *op. cit.*, p. 115. Arch. nat., J 949, fol. 178.
2. *Ibid.*, J 949, fol. 178 v°. Bry de la Clergerie, *op. cit.*, p. 45.
3. *Ibid.*, p. 46. Arch. nat., J 949, fol. 179.
4. Bry de la Clergerie, *op. cit.*, p. 48. Arch. nat., J 949, fol. 180 v°. Nous n'avons pu trouver ces lettres; elles ne figurent pas dans les registres du conseil, quoique les mss. du procès portent qu'elles y ont été transcrites.
5. *Ibid.*, fol. 181. Bry de la Clergerie, *op. cit.*, p. 49.

G. de la Haye, J. Lespervier, présidents; O. de la Vernade, maître des requêtes; J. Canlers, J. Desplantes, J. Bouchart, G. Allegrin, V. Queteville, J. du Fresnoy, V. Torrettes, G. Simon, O. Chamireux et G. Rusé, conseillers. Ils s'acquittèrent de leur tâche le 17 février[1]. Le comte du Perche se retrancha derrière ses arguments ordinaires. Le 20 février[2], les rapporteurs tinrent à la Tournelle une réunion à laquelle assistait le comte de Castres; ils y préparent le rapport destiné à la Cour et par lequel ils demandent de soumettre à un nouvel interrogatoire le bâtard d'Alençon, Jean de la Berchière et Jean de Sahurs. Conformément à cette demande, le 25[3], on introduisit l'un après l'autre devant la cour ces trois personnages. Le bâtard d'Alençon, qui comparut le premier, confirma purement et simplement sa déposition dont nous avons parlé; Jean de la Berchière disculpa son maître et affirma que le comte du Perche n'avait pas connu avant leur exécution les projets de son père, c'est-à-dire la livraison de la place d'Alençon aux Bretons; il nia les affirmations de la dame de Saint-Quentin, qui avait de l'aversion pour lui, dit-il, et qui, par ses mensonges, l'avait fait mettre à la torture à Chinon. Quant à Sahurs, il répéta sans y rien changer ses déclarations précédentes.

A la suite de ces comparutions, la cour examina plus attentivement la procédure[4]. Cet examen se prolongea assez longtemps; entrepris le 27 février, il ne fut terminé que dans le courant de mars. Le Parlement, en effet, ne rendit son arrêt que le 22 mars 1483[5]. Comme l'a remarqué Duclos, cette sentence ne portait ni un acquittement complet, ni une condamnation: le comte du Perche devait requérir au roi « merci et pardon », jurer solennellement de le bien et loyalement servir, de ne rien faire qui puisse lui être contraire, sous peine de

---

1. Bry de la Clergerie, *op. cit.*, p. 50. Arch. nat., J 949, fol. 182.
2. *Ibid.*, p. 52. Arch. nat., J 949, fol. 183, v°.
3. Bry de la Clergerie, *op. cit.*, p. 55. Arch. nat., J. 949, fol. 184 v°.
4. Bry de la Clergerie, *op. cit.*, p. 56. Le ms. des Archives J 949 s'arrête après l'audience du 27 février; il ne contient donc pas l'arrêt. On le trouve dans le même carton sur une feuille détachée, n° 7.
5. *Ibid.*, p. 56. Voir Duclos, *op. cit.*, t. II, p. 289.

la perte de tous ses honneurs et droits; il donnerait de bonnes cautions et le roi nommerait les capitaines aux places et châteaux dont René d'Alençon jouissait au jour de son emprisonnement; enfin, il garderait la prison jusqu'à la perfection de ces formalités.

Le procès du comte du Perche n'avait pas tellement accaparé le comte de Castres qu'il négligeât toutes autres occupations. Ainsi, quand le 9 juillet 1482, quittant Cléry, il était venu à Paris, il n'était pas seulement chargé de surveiller la procédure; sa venue était encore motivée par l'arrivée des ambassadeurs flamands [1] dont la visite fut un des préliminaires du traité d'Arras (4 décembre 1482), ce qui semblerait indiquer qu'il ne fut pas étranger à la préparation de cet acte important. Le brusque départ de Boffille, qui s'était éloigné de la cour sans avertir personne, jeta dans un grand embarras les ambassadeurs milanais, ces perpétuels solliciteurs de Louis XI. En l'absence du comte de Castres, leur protecteur attitré, ils se sentaient tout dépaysés et ne savaient à qui s'adresser. Ils lui dépêchèrent un courrier pour lui demander ce qu'ils devaient faire. Boffille leur exprima son déplaisir de ne pouvoir plus les aider, leur retourna tous les papiers qu'ils lui avaient remis et leur conseilla de parler à M. du Bouchage qui les servirait auprès du roi. Mais Batarnay se déroba : le roi ayant mis leurs affaires dans les mains de Boffille, il n'oserait pas s'en mêler, et il les engagea à attendre patiemment son retour [2].

La dextérité dévouée dont Boffille avait fait preuve en interprétant au Parlement les volontés royales lui mérita la pleine approbation de Louis XI; aussi la rétribution du comte de Castres ne se fit-elle pas longtemps attendre; elle fut double. D'abord, en avril 1482, le roi releva Charles de Lisoré de la capitainerie du château de Perpignan, qui valait 1,200 livres

---

1. Arch. Nat., X¹ᵃ 9318, fol. 178. Louis XI au Parlement. Cléry, 1ᵉʳ juillet 1482. (Orig. pap.)

2. Arch. de Milan. Potenze estere. Francia. Beaugency, 4 juillet 1482. Sébastien de Goyenzate au duc de Milan.

de rente et en investit Boffille[1]. Ce n'était là qu'une bagatelle en comparaison du bienfait dont il le gratifiait par lettres patentes, signées au Montils-lez-Tours, le 9 août 1483[2]. Après avoir longuement relaté les éminents services de Boffille, qu'il traite de cousin[3], Louis XI déclare lui délaisser « oultre et par dessus les autres dons, pensions, gaiges et bienffaiz qu'il a et pourra cy après avoir » de lui, « toutes les restes et sommes de deniers » qui pourraient être dues au roi « de tout le temps passé jusques au dernier jour de leurs receptes et entremises, tant du fait du dommaine que du droit de la boille et general grenier à sel, tailles, locations et impositions desdits pays et contez, et aussi des entiers deniers aux tresoriers appoinctez et commis sur les autres finances pour les euvres et repparations de la citadelle, etc., à quelque valeur ou exstimations que lesdites restes et sommes puissent monter... » Elles seraient comptées à Boffille sur ses simples quittances jusqu'au 31 août, « sans ce qu'il lui soit besoing en prendre, avoir ne recouvrer aucunes descharges ou acquitz des changeurs du tresor, ou des receveurs generaulx » ; toutefois, il était spécifié qu'il s'agissait uniquement des reliquats nets, après le paiement des gages des officiers jusqu'au 31 août « et des autres parties contenues ès estatz faiz sur les dites finances », et après la ventilation du compte courant du trésor chez le trésorier de Languedoc, arrêté également au 31 août.

Ce fut la dernière faveur signalée dont Boffille eût à se réjouir. Quelques jours après (30 août), Louis XI mourait, et si le comte de Castres ne fut pas enveloppé sur-le-champ dans la réaction qui suivit l'avènement de Charles VIII, il ne devait pas tarder à en ressentir les effets. Prévoyant les malheurs

1. Bibl. nat., Coll. Clairambault, t. 963, fol. 323. En 1483, il percevait le revenu en ses lieux de Saint-Laurent-de-Salanche et de Léran (Ariège. Arrondissement de Pamiers), que le roi lui avait donnés : c'étaient les revenus de l'année commencée le 23 juin 1479. Ces deux terres, avant d'être la propriété de Boffille, étaient celle des Raimond d'Ossage dit Lacapdet Ramonet, qui les tenait pareillement de la liberalité du roi (Bibl. nat., ms. fr. 26097, n° 1367).
2. Ibid., Coll. Clairambault, t. 963, fol. 329 (Orig. parch.).
3. Sans doute par suite de son mariage avec Marie d'Albret.

qui allaient l'assaillir, il suppliait son beau-frère Alain d'Albret, qui tout d'abord s'était rallié avec éclat aux Beaujeu[1], de le protéger auprès d'eux[2], et lui écrivait même de Perpignan le 13 mars 1483/4, « vous estes toute ma sperance et securté »[3]. Il l'imita et se rangea du côté d'Anne de Baujeu. Cette politique lui réussit d'abord, et un instant il put croire qu'on ne le molesterait pas. C'est ainsi que le 6 août 1484, le Conseil du roi lui faisait parvenir une nouvelle commission pour obéir au comte de Bresse, commis à la place du maréchal de Gyé, à poursuivre les pilleries des gens de guerre[4]. Le 6 septembre, le Conseil lui mandait qu'il avait autorisé les sujets du roi à trafiquer librement avec ceux du roi de Portugal[5]. Enfin, dans sa séance du 20 octobre[6], il décidait que Boffille conserverait le titre de capitaine des châteaux de Perpignan et de Collioure « mais que les Tallerans seront lieutenans desdits chasteaulx pour le roy et soubz le roy, et y pourront mectre et oster telz personnages qu'ils aviseront pour le mieulx et la sureté d'iceulx ». La même séance lui réservait un autre déboire : le chancelier recevait l'ordre de tenir prêtes les dernières propositions des enfants du feu duc de Nemours pour les soumettre à l'examen du Parlement; de plus, ils réclamaient la restitution du comté de Castres et, à ce sujet, le Conseil ordonnait « que on actendra à une

1. Luchaire, *op. cit.*, p. 22.
2. Arch. des Basses-Pyrénées. E 84. Boffille à Alain d'Albret. Perpignan, 22 décembre 1483.
3. *Ibid.*, Nous devons communication de ces deux pièces à l'obligeance de M. Flourac, archiviste des Basses-Pyrénées.
4. Bernier, *Procès-verbaux des séances du conseil de régence de Charles VIII*, Paris, 1836. (Collect. de documents inédits sur l'hist. de France), p. 27.
5. *Ibid.*, p. 96.
6. *Ibid.*, p. 113. Le 9 juillet cette question avait été déjà agitée, et le Conseil avait décidé que dans les instructions remises à Antoine de Mortillon, envoyé à Boffille, il serait dit que Guérin de Talleran, lieutenant du comté de Castres, au château de Perpignan, et Guillaume de Talleran, au château de Collioure, auraient les mêmes appointements qu'auparavant. *Procès-verbaux du Conseil de Charles VIII*, dans Pélicier, *Essai sur le gouvernement de la dame de Beaujeu*, Paris, 1882, p. 234.

autreffoiz qu'il y aura plus grand nombre de gens audit Conseil »¹.

C'était là un trait du frère du feu duc de Nemours, Jean d'Armagnac², évêque de Castres, banni du royaume, qui après la mort de son frère s'était réfugié à Rome, d'où le roi venait de le rappeler³. Jamais la maison d'Armagnac n'avait admis la culpabilité du duc de Nemours et par suite la validité de sa condamnation et de la confiscation de ses biens. Cette opposition, que la présence de Louis XI contenait, éclata dès qu'il eut disparu. On sait qu'aux États de 1484, Charles d'Armagnac s'était jeté aux pieds du roi et lui avait demandé justice pour lui, son frère et les enfants de son frère, iniquement dépouillés. Il semble que ce fut Jean d'Armagnac, évêque de Castres, qui était l'inspirateur caché de ces revendications, comme il avait peut-être été l'organisateur secret de la résistance du Parlement à enregistrer, en 1477, les lettres octroyant le comté de Castres à Boffille. Ce prélat, qui prétendait que la moitié du comté de Castres et de la seigneurie de Lézignan lui appartenait par la succession de ses parents, l'attaqua devant la Cour de Paris⁴ ; et quoique Boffille dût avoir

---

1. Bernier, *op. cit.*, p. 146.

2. Presqu'au même moment, Jean d'Armagnac saisissait le Parlement d'un autre procès contre Jean Blosset, seigneur de Saint-Pierre, un autre juge de Nemours, qui, pour sa part des dépouilles du duc, avait obtenu le comté de Carlat (Arch. nat., X¹ᵃ 1493, fol. 65 v°, 30 janvier 1485/6. *Ibid.*, fol. 126° v°; 10 mars 1485/6 ; *Ibid.*, fol. 166 v°, 30 avril 1486 ; *Ibid.*, fol. 208 v° 12 juin 1486. Arch. nat., X¹ᵃ 9319, fol. 24. Rouen, 24 novembre 1487. Lettre du Roi au Parlement, lui mandant de hâter le jugement du procès en question (Orig. pap.).

3. D. Vaissete, *op. cit.*, t. V, pp. 64 et 65. Pendant l'exil de Jean d'Armagnac, c'était un neveu de Boffille qui avait administré l'évêché de Castres : il avait été, en 1480, commis à la spiritualité par le légat du pape, Julien de la Rovère, cardinal de Saint-Pierre-aux-Liens, et à la temporalité par le roi. (Bibl. nat., ms. fr. 6989, fol. 38 v°). Nous ignorons le nom de son neveu ; c'est peut-être le même qui était protonotaire de Venabis. (V. plus loin, p. 221).

4. Ce ne fut pas la seule action judiciaire qui fut intentée à Boffille au sujet du comté de Castres. A la fin de 1478, un ancien serviteur de Nemours, nommé Henri de Pompignac (sur ce personnage, voir P.-M. Perret,

la *saisine* des biens disputés jusqu'à l'arrêt du Parlement, l'évêque envahit ou fit envahir les terres de son adversaire par François Foucault, gouverneur de Carlat : « ils trouverent façon de faire rebeller contre ledit suppliant les manans et habitans de la ville et cité du comté de Castres, et autres places et lieux dudit comté comme Lacaune, Esperance, Boissezon », en chassèrent ses officiers, « les aucuns d'iceulx emprisonnerent, les autres mutilerent ». Bien plus, les fauteurs de l'évêque firent des assemblées de gens en armes pour forcer Boffille à évacuer ces seigneuries, assiégèrent la ville d'Aurissac, qu'ils incendièrent, et prirent d'assaut la place et le château de Viane. Boffille se défendit comme il put et repoussa la force par la force. Alors Jean d'Armagnac eut recours à la protection du connétable de Bourbon, gouverneur de Languedoc, et au seigneur de Mirabel, son lieutenant, qui ordonna que les terres et seigneuries du comté de Castres seraient mises en la main du roi, et qu'en attendant la décision du Parlement les parties licencieraient leurs troupes. Boffille ne semble pas avoir tenu grand compte des ordres du gouverneur de Languedoc. Pendant que, déjouant les manœuvres de son adversaire, il se portait appelant au Parlement de Paris, il faisait venir ses gens de guerre, des ordonnances en garnison à Perpignan. Avec leur assistance, il délogeait de Viane les adhérents de l'évêque, qui mettaient le feu au château de cette place avant que le comte de Castres en reprît possession ; il occupa

---

Notice biographique sur Louis Malet de Graville, p. 31 et suiv.), était en instance au Parlement de Paris contre Boffille. Pompignac lui réclamait la baronnie de Berens qui, à son dire, lui avait été vendue par le duc de Nemours en 1474 ou 1475. Les incidents de la cause se déroulèrent en plusieurs plaidoiries auxquelles nous renvoyons, du 30 décembre 1478 au 12 mars 1479/80 (Arch. nat. X¹ᵃ 4820, fol. 60 v°, 30 décembre 1478, *ibid.*, 1488, fol. 255 v°, 12 août 1479 ; *ibid.* 4821, fol. 155, 9 mars 1479/80 ; *ibid., ibid.*, fol. 164, 12 mars 1479/80). Nous n'avons pu découvrir si l'issue du litige fut favorable au comte de Castres. Il est à noter que la baronnie de Berens n'est pas énumérée dans la liste des dépendances du comté de Castres donnée par Defos, *op. cit.*, p. 69, mais qu'elle l'est dans la liste « des lieux qui sont des appartenances du comté de Castres » donnée par Pierre Borel, *op. cit.*, p. 72.

ensuite Boissezon[1], Esperausses[2] et Alban[3]. L'évêque, menacé, porta plainte au roi, qui commit à examiner le litige Jean de Pavie, conseiller au Parlement de Toulouse. Ce magistrat, rempli d'ardeur, se transporta sur les lieux en compagnie de Guillaume de Nogerolles, procureur du roi à Castres ; mais ce dernier, en présence de Pavie, fut appréhendé par les gens du comte de Castres, conduit dans son château de Roquecourbe [4], où on le mit à la question et où il fut « retenu prisonnier et enferré par longtemps ». Pendant les hostilités, Boffille avait fait pendre « et estrangler aux creneaulx de son chasteau de Roquecourbe » un nommé Bernard Gallinet, dit Branche Mosnier, qui, avec quelques-uns de ses amis, avait essayé de s'emparer par surprise de cette forteresse. C'est à la suite de ces faits que le roi, pour faire cesser la guerre qui désolait ce malheureux pays, y envoya Antoine de Lamet, bailli d'Autun, qui, aidé du sénéchal de Carcassonne, parvint à y rétablir l'ordre.

Cependant, Guillaume de Nogerolles et les héritiers de Bernard Gallinet s'allièrent avec Jean d'Armagnac et attaquèrent conjointement Boffille devant le Parlement de Paris, au criminel. Le comte de Castres se hâta de prendre ses sûretés ; en mai 1486, il obtenait du roi alors à Troyes des lettres de rémission pour la mort de Gallinet[5].

Dans l'intervalle, le procès avait été plaidé au Parlement de Paris ; les plaidoiries commencèrent le 13 avril 1486[6]. Artauld, l'avocat de l'évêque de Castres, parla le premier et relata les faits que nous venons de rapporter de la façon la plus partiale, mettant sur le compte de Boffille tous les excès commis. C'est là qu'on rencontre la première mention de la

1. Tarn, Arr. de Castres, canton de Mazamet.
2. *Ibid.*, canton de Lacaune.
3. *Ibid.*, Arr. d'Albi.
4. Aude. Arr. de Carcassonne, canton de Capendu.
5. Arch. nat., JJ 218, fol. 2v°.
6. *Ibid.*, X²ᵃ 56 ; Bib. nat., Collection de Languedoc, t. XC, fol. 176 et suiv. (Copie du dix-huitième siècle. Cette copie place par erreur ces débats au 20 juin 1485). Dom Vaissete, *op. cit.*, t. V, p. 63.

légende que nous avons rappelée et d'après laquelle le comte de Castres se serait fait livrer Jacques, fils aîné du duc de Nemours, et l'aurait emmené à Perpignan pendant que la peste désolait cette ville, en sorte que l'enfant y aurait succombé au bout de quelques jours.

Le réplique de Michon, défenseur de Boffille, entamée le même jour, ne fut terminée que le 20 avril[1]; elle fut toute différente et plus mesurée semble-t-il. Sa version place les événements sous un jour qui n'est pas trop avantageux au comte de Castres et qui est en bien des points conforme au récit de la lettre de rémission de novembre 1486. Suivant lui, ce serait l'évêque qui aurait eu l'initiative de toutes les violences dont il cherchait à rejeter la responsabilité sur son adversaire. Il développa copieusement ce thème, corrigeant, avec preuves à l'appui, la relation de son contradicteur. Ces préliminaires épuisés, il entra dans le cœur de l'affaire et traita à fond la question de droit. Il s'appliqua à démontrer que, vu la longue jouissance que Boffille avait eue du comté de Castres, il n'y avait pas lieu de le mettre en la main du roi; que, du reste, Jean d'Armagnac, qui avait renoncé à la succession de ses parents, ne pouvait faire valoir aucun droit sur cette seigneurie, qu'elle n'avait jamais été indivise entre lui et Jacques d'Armagnac, mais qu'elle appartenait en entier à ce dernier lorsque Louis XI l'avait confisquée.

Avant de prononcer l'arrêt, la Cour voulut entendre l'accusé; ajourné, il n'avait pas comparu le 8 mai[2], et défaut fut donné aux parties adverses. Le 8 août[3], à la requête de l'évêque de Castres, de Nogerolles et des héritiers de Gallinet, il fut de nouveau ajourné à comparaître le lendemain de la Saint-Martin d'hiver. En effet, le 20 novembre[4], Boffille se présenta en la grand'chambre, présidée par Jean de la Vacquerie; il exhiba des lettres patentes que le roi venait de lui accorder à

---

1. Dom Vaissete, *op. cit.*, t. V, p. 63.
2. Arch. nat., X2a 54 (à la date).
3. *Ibid.*, (à la date).
4. Arch. nat., X2a 57, fol. 4.

Jargeau[1] et par lesquelles le prince, usant du droit de grâce qu'il avait à sa première entrée dans chaque ville, avait absous Boffille, prisonnier à Jargeau, de tous les crimes qui lui étaient reprochés. Le comte de Castres requit l'entérinement de ces lettres. Les avocats des demandeurs s'y opposèrent et réclamèrent l'internement du prévenu à la Conciergerie du Palais. Le défenseur de Boffille s'efforça, mais en vain, de faire admettre par la Cour que les lettres d'abolition réduisant à néant tout délit, il n'y avait pas lieu de poursuivre l'instance au criminel, que l'intérêt civil des parties demeurait seul en litige. Le Parlement repoussa cette appréciation, et décida que Boffille serait détenu « en la Conciergerie du Palais et interrogé des dictes lettres de remission, etc. ».

La suite des incidents du procès nous échappe[2]. Boffille dut avoir finalement gain de cause, puisque le comté de Castres lui resta et ne lui fut plus disputé par la maison d'Armagnac après la mort de Jean, en 1493. De même, il dut être élargi peu de temps après son incarcération. C'est, en effet, dans le courant de l'année 1488 que, pour se dérober à tous ces ennuis et réparer les brèches faites à sa fortune par cet interminable procès, il imagina de solliciter de la Seigneurie de Venise la place que la mort de Galéot laissait vacante. Le projet était fort réalisable et avait grand'chance d'aboutir. Si Galéot avait le renom d'un plus grand capitaine, Boffille avait en revanche donné des preuves plus éclatantes de sa capacité comme administrateur et comme diplomate. La Seigneurie de Venise avait même été plus à portée d'apprécier Boffille, puisque c'était lui qui avait discuté avec Gradenigo le traité de janvier 1478. Bien plus, au moment (fin octobre ou commencement de novembre 1488) où remontent les premières ouvertures de Boffille au gouvernement vénitien, la Seigneurie était son obligée.

Il venait de terminer à sa satisfaction un litige qu'elle avait avec Charles VIII en aidant J.-P. Stella, secrétaire de la Sei-

1. Arch. nat., JJ 218, fol. 115.
2. Cette suite devait être consignée dans les registres du conseil au criminel qui manquent jusqu'au seizième siècle.

gneurie, à obtenir de la cour de France une indemnité pour deux navires vénitiens qu'un pirate français, Ferrand Zelante, avait pillés. Charles VIII avait délégué au comte de Castres l'arbitrage de ce différend, attribuant à son équité le soin de fixer le chiffre des dédommagements à allouer aux Vénitiens lésés, et il leur avait octroyé 8,000 francs [1]. Il se fit aussitôt un mérite de sa sentence auprès de la Seigneurie. Le 7 novembre, il remettait à Stella, afin de la joindre à son courrier, une dépêche au gouvernement vénitien, où il l'assurait de son dévouement et de son désir de lui être agréable; puis recourant à un procédé étrange, mais bien italien, il faisait écrire à la Seigneurie par André de Venturi, son secrétaire, qui confiait aussi sa lettre à Stella; elle roulait sur le désir qu'avait son maître d'être occupé dans les armées de la République.

Le 28 novembre, les Sages du conseil et les sages de terre ferme proposèrent au Sénat d'écrire à Stella de remercier chaleureusement Boffille de ses protestations. Quant aux offres d'André de Venturi, Stella lui déclarerait, comme de lui-même et comme s'il n'avait pas consulté son gouvernement, qu'à son retour à Venise il rapporterait à ce dernier les intentions de Boffille. En ce qui le concernait, il ne pourrait que faire son éloge; il prierait Venturi de lui faire connaître ses conditions, afin qu'il puisse au besoin en faire part à la Seigneurie et gagner ainsi du temps. En attendant, on prescrivait à Stella de réunir tous les renseignements qu'il pourrait sur le comte de Castres et de s'informer « *que sit virtus, experientia discipline militaris, gratia et reputatio quam habet apud milites, que spes posset haberi de ejus persona et guberno* [2] ».

Les résultats des investigations de Stella furent tout à l'honneur de Boffille, dont les prétentions lui parurent raisonnables. En conséquence, le 16 mars 1480, les Sages du conseil et les Sages de terre ferme exposèrent au Sénat que, d'un côté, après une enquête approfondie, aucun des capitaines

---

1. Arch. de Venise. Sénato. Deliberazioni secrete, t. XXXIII, fol. 169, 28 novembre 1485. Réponse du Sénat vénitien à J.-P. Stella.
2. *Ibid.*, Lettre approuvé par 127 voix.

italiens guerroyant en Italie n'était en état d'être placé à la tête des troupes vénitiennes, et que, d'un autre côté, on ne pouvait les laisser plus longtemps sans chef; ils étaient donc d'avis[1] de donner commission à Jean Chieregato[2], qui avait appuyé auprès de la Seigneurie la demande de Boffille, de suivre ces pourparlers, de façon à engager Boffille à dépêcher à Venise, comme il l'avait offert, du reste, un agent instruit de toutes ses volontés et muni de pouvoirs suffisants pour conclure en son nom avec la Seigneurie[3].

L'émissaire du comte de Castres arriva à Venise dans le courant d'avril; il eut une audience de la Seigneurie qui examina ses pouvoirs, puis commit Jérôme Zorzi, l'ancien ambassadeur en France, à écouter et discuter les demandes de son maître. Boffille voulait être nommé capitaine général; Zorzi dissuada son envoyé d'insister sur ce point qui ne serait jamais admis; allant plus loin, il lui posa les bases sur lesquelles une entente serait possible : Boffille devrait se contenter du titre de gouverneur général[4]; il aurait deux cent cinquante hommes avec quatre chevaux par homme d'armes y compris la compagnie dite de Colléoni, qui serait payée par la Seigneurie; mais au lieu du capo-solde[5], il toucherait une

1. Arch. de Venise. Senato. Deliber. secr., t. XXXIV, fol. 3.
2. Chieregato était un condottière italien aux gages de la République; dans la délibération, il est dit frère de Boffille, *reverendus ejus frater*, ce qui signifie, croyons-nous, frère d'armes.
3. Cette motion fut adoptée par 137 voix; il y eut 24 opposants et 8 abstentions.
4. C'était la moindre des trois grandes fonctions militaires de la République; les deux autres étant celles de lieutenant général et capitaine général (Bibl. nat., ms. fr. 5599, fol. 173 v°).
5. La République avait deux systèmes pour le paiement de ses troupes, la provision et l'ordre de la banque. Le premier consistait à servir la Seigneurie moyennant une somme à débattre avec une troupe de gens d'armes et d'arbalétriers dont le nombre variait suivant la condition du commandant, c'est-à-dire suivant qu'il était lieutenant, capitaine ou gouverneur général; d'après le second système, chaque homme d'armes recevait une somme à débattre (généralement 9 écus par mois); sur cette somme le commandant retenait un écu pour lui; c'est la somme ainsi retenue qu'on appelait *capo-solde*. Il est à remarquer qu'en temps de paix les mois

somme de 30,000 ducats par an ; quant aux autres hommes d'armes complétant le nombre de deux cent cinquante, ils seraient régis selon l'ordre de la banque

Le messager de Boffille, quoiqu'il eût plein pouvoir de conclure, en entendant formuler des offres si différentes des siennes, se récria sur leur médiocrité et ne voulut rien faire sans en avoir référé à son maître. Celui-ci répondit qu'il renonçait au titre de capitaine général et s'accommoderait de de celui de gouverneur ; mais il réclamait en temps de paix une solde de 40,000 ducats correspondant à l'entretien de deux cent cinquante hommes d'armes avec quatre chevaux par homme d'armes, de cent arbalêtriers à cheval et de cent pionniers ; en temps de guerre une solde de 60,000 ducats, et il tiendrait sur pied un tiers de monde de plus. Il réclamait enfin une belle maison bien meublée à Brescia où sa femme pût habiter.

Les Sages du conseil et les Sages de terre ferme mirent, le 10 mai [1], le Sénat au courant de ces pourparlers. Les prétentions de Boffille étaient, suivant eux, exorbitantes et inacceptables ; ils invitèrent leurs collègues à les repousser, atténuant toutefois la rigueur de leur refus par de plus grands témoignages d'affection et d'estime à son égard. Ce parti fut adopté par cent soixante suffrages, et Jérôme Zorzi dut le notifier à Urbain, secrétaire du comte de Castres. Mais par une singulière précaution qui ne tendait qu'à ménager l'avenir, Zorzi devait en quelque sorte assumer vis-à-vis de Boffille la responsabilité de cette signification ; il devait la faire à Urbain officieusement et en son nom.

Aussi Boffille ne se tint-il pas pour battu ; dans le courant de juillet, Urbain revint à Venise. Loin de rabattre de ses exigences, son maître maintenait toutes ses premières prétentions, et entre autres il persistait à solliciter le titre de capitaine général. On ne prit même pas la peine de les discuter :

avaient quarante jours, en sorte qu'il ne fallait que huit de ces mois pour faire une année. (Bibl. nat., ms. fr. 5599, fol. 175).

1. Arch. de Venise, Senato. Delib. secr., t. XXXIV, fol. 11.

les Sages du conseil et les Sages aux ordres, présentèrent, le 31 juillet, au Sénat qui le ratifia par cent quarante-cinq voix, un projet de réponse déclinatoire comme la chancellerie vénitienne excellait à en rédiger, mais ou cependant l'ampleur et la courtoisie des formules masquaient à peine la pauvreté du prétexte invoqué[1]. Cette fois ce fut la paix d'Italie qui fit les frais de l'excuse : dans un temps aussi calme où la République entretenait les plus amicales relations avec tous ses voisins, elle ne pourrait soudoyer des gens d'armes d'outre-mont, surtout avec un capitaine aussi illustre que le comte de Castres, sans porter ombrage aux autres puissances italiennes et risquer de troubler cette paix dont elle souhaitait avant tout la conservation. Dans la même séance, le Sénat, pour récompenser Urbain d'avoir fait deux fois le voyage de Venise, et pour l'encourager à lui continuer ses bons offices auprès de Boffille, lui alloua 50 ducats.

Déçu, au moins momentanément du côté de Venise, Boffille dut se consacrer à son gouvernement. Mais cette ressource lui fit bientôt défaut; sa vice-royauté lui fut enlevée le 25 juillet 1491[1]. Le comte de Castres était victime d'une intrigue de cour machinée par la sœur du marquis de Mantoue qui faisait instituer à sa place son mari, Gilbert de Montpensier[2]. Il fut sans doute facile de convaincre Charles VIII qui, ayant peut-être déjà en vue les concessions du traité de Barcelone (19 janvier 1493), préférait sentir le Roussillon et la Cerdagne aux mains d'un homme plus souple et moins imbu des principes de Louis XI que ne l'était Boffille. Aucun prétexte décent ne pouvait selon nous colorer sa révocation. Les habitants de ces provinces, pas plus que le roi, n'avaient à se plaindre de l'administration de Boffille; elle était, à ce

---

1. Arch. de Venise, Senato. Delib. secr., t. XXXIV, fol. 23 v°.

2. Bibl. nat., ms. fr. 32410, fol. 26, 15 janvier 1491/2. Quittance de de 1,138 l. 17 s, 9 d. de Perpignan, délivrée par Boffille de Juge à Pierre Bayart, trésorier de Roussillon et Cerdagne, pour ses gages de gouverneur desdits pays du 1er janvier au 25 juillet 1491 où il en fut déchargé. (Orig. parch.)

3. Henry, op. cit., t. II, p. 179.

qu'il semble, ferme sans rigueur et douce sans faiblesse ; de plus, il avait rétabli et fait respecter l'autorité royale ; depuis seize ans qu'il les gouvernait, le Roussillon et la Cerdagne, malgré les excitations du dehors, ne s'étaient jamais écartés du devoir. Les documents que nous possédons sur l'administration de Boffille et qui malheureusement concernent presque uniquement son rôle militaire, nous prouvent qu'il n'abusait pas de ses immenses pouvoirs, que sa surveillance ne se relâchait pas un instant, qu'au besoin son attention descendait jusqu'aux plus humbles détails, et qu'il savait châtier les mutins avec la même énergie qu'il défendait devant le roi les gens tranquilles et modérés ; aussi paraît-il avoir été assez populaire parmi eux.

Nous avons vu quelle courageuse obstination il opposa à Louis XI lorsque celui-ci, en 1475, voulut décimer la population de Perpignan ; plus tard, vers 1480, lorsque le roi pencha vers une clémence excessive, il n'hésita pas davantage à lui signaler les dangers d'une amnistie qui épargnerait les plus coupables rebelles. Nous tenons à publier en entier cette très belle lettre [1], où les préoccupations personnelles dont, certes, elle n'est pas exempte, sont dominées toutefois par le souci supérieur de l'intérêt général.

Sire, si très humblement que faire puys à vostre bonne grâce me recommande. Sire, il vous a pleu donner à mon nepveu le prothenotaire de Venable l'abbaye d'Arle [2] qui est sur les frontieres d'Arragon, et en avez escript à nostre saint pere le Pape, mais devant qu'il aye receu vos lectres a donné en consistoire au frere de feu messire Bernard Doms ladite abbaye, luy inadverty de vostre voulenté, lequel est frere des plus rebelles que jamais ayez heu en Roussillon. Pour ce, sire, je vous supplie tant humblement que faire puys, qui vous plaise escripre à nostredit saint pere qui lui plaise revoquer la donation qu'il a faicte audit Doms pour les inconveniens qui en pourroient advenir, et en pourvoir mondit nepveu, ainsi que autresfois luy en avez escript, et aussi que les religieulx de ladicte abbaye tous ensemble, *via spiritus sancti*, l'ont tous esleu, et

1. Bib. nat., ms. fr. 15541, fol. 26 (Orig. pap.).
2. Abbaye bénédictine. (Pyrénées-Orientales. Arr. de Céret).

aussi veu que ladicte abbaye est en frontiere d'ennemys, qui la donnera à vostre voulenté.

Sire, je vous ay aussi envoyé vostre accesseur de Perpignen pour vous advertir que ce n'est pas vostre advantage de retourner voz rebelles en Roussillon, ainsi que en avez donné la charge à Monsieur de la Barde, et me semble que ceulx de qui le vous ont conseilhé ne vous ont pas donné bon conseil, si vous voullez tenir ledit pays en vostre main. Sire, vostre accesseur est devers vous qui vous remonstrera tout, et vous en ferez vostre bon plaisir, car le pays est vostre, et, si vous me croyez, vous le garderes, car il vous a beaucoup cousté à conquester.

Sire, plaise vous tousjours me mander et commander voz bons plaisirs pour iceulx acomplir à mon povoir. Sire, je prie le benoist fils de Dieu qui vous doint bonne vie et longue. Escript à Perpignen le premier jour d'octobre.

Vostre très humble et très obeissant subject et serviteur, loyal par myracle.
BOFFILLE DE JUGE.

A peu près vers la même époque, Boffille était en relations avec du Bouchage : de Lézignan, le 23 janvier 1480 ou 1481 [1], Il l'informait de la prochaine arrivée à la cour de Pierre Bayart, trésorier et receveur général de Roussillon, qu'il envoyait exposer au roi « aulcunes affaires qui le touchent et le pays », et le priait de le croire comme lui-même. Et terminant cette lettre par une plaisanterie, comme, du reste, il terminait sa lettre au roi que nous venons de publier, cette fois il se proclamait le fils de du Bouchage par l'âge, « son per de sens et superiour d'argent ».

C'était surtout, comme nous l'avons dit, à l'organisation militaire de sa vice-royauté que Boffille avait prodigué ses soins. Profitant de la grande latitude que lui laissait en ces matières la délégation du roi, il avait, afin d'être plus maître de ses populations si impressionnables, disséminé ses troupes entre les places les plus importantes du Roussillon et de la Cerdagne, renforçant cependant de préférence les garnisons des places frontières, de façon à élever entre l'Espagne et lui une ferme barrière. Ainsi, le 20 novembre 1480 [2], Jean Latier,

1. Bib. nat., ms. fr. 2896, fol. 106 (Orig. pap.).
2. Ibid., ms. fr. 25780, n° 84.

capitaine de cinquante lances gardant la cité de Gonnez[1], passait en revue les quarante archers commandés par le vice-roi de Roussillon, qui étaient en garnison à Collioure, aux tours de Saint-Elme[2] et à la tour de France[3]. Le gros de ses forces était à Perpignan, capitale de la province. En 1484, le château de cette ville était défendu par cinquante hommes d'armes et cent archers; en l'absence de Boffille, ils obéissaient à un lieutenant du comte de Castres, Guérin de Narbonne[4]. En 1489, le chiffre des troupes françaises n'avait pas varié[5]; mais on leur avait adjoint quatre-vingt-douze lances et demie de l'ordonnance du roi *à la mode d'Italie*. Cette compagnie devait être la favorite de Boffille; il la conduisait en personne à la revue qu'en fit à Perpignan Sébastien de Coursa, maître d'hôtel du roi, le 3 août 1489, et il figure en tête de la liste des hommes d'armes[6]. Les approvisionnements de munitions paraissent avoir été chez Boffille l'objet d'une sollicitude toute particulière. Le 2 mai 1488[7], il mandait à Pierre Bayart, trésorier et receveur général de Roussillon et de Cerdagne, de rembourser 156 l. 12 s. t. à Adrien de Capo, homme d'armes de sa compagnie. Celui-ci, au mois d'avril, s'était rendu par ses ordres à Agde, d'où il avait fait venir à Perpignan et descendre dans « le boulevard de la citadelle » quatre cent dix-sept pierres de bombarde « pour servir aux trois grosses bombardes qui sont assises audit boulevard ». Les dépenses de Capo se détaillaient de la façon suivante : il avait nolisé cinq barques pour amener les boulets en question

---

1. Hautes-Pyrénées. Arr. de Tarbes.
2. Pyrénées-Orientales, commune de Port-Vendres.
3. *Ibid.*, Arr. de Perpignan.
4. Bibl. nat., ms. fr. 25784, n° 10; montre passée à Perpignan le 12 décembre 1484, pour le 3e trimestre de 1484, par Patrice Alauze. Voir *ibid.* n°s 18, 24, 137.
5. *Ibid.*, ms. fr. 22419, fol. 42, 43, 44; montres passées à Perpignan le 2 août 1489, le 14 mars 1489-90 et le 7 juillet 1490, par Sébastien de Coursa.
6. Arch. nat., K 76, n° 16 Cette montre servait à l'acquit de Guillaume de Blaru, commis au payement de cette compagnie.
7. Bibl. nat., ms. fr. 22419, fol. 41. (Orig. parch.)

de la plage d'Agde à celle de Canet, ce qui avait coûté 80 livres; dix hommes qui avaient vacqué chacun quatre jours à les embarquer, recevaient 6 livres, soit 3 sous chacun et par jour; les hommes, au nombre de huit, qui les avaient débarqués, ce qui avait pris à chacun trois jours, étaient payés 3 liv. 12 s. t., soit 3 sous par tête et par jour. Il avait fallu cinquante-deux journées de charrette pour transporter de Canet à Perpignan les quatre cent dix-sept boulets; ce chapitre exigeait 52 livres, soit 20 sous par journée de charrette. Enfin Capo, à la recherche de ces pierres, avait fait à Agde deux voyages qui avaient duré en tout vingt-quatre jours; à raison de 12 liv. 6 deniers par jour, ils devaient lui être rémunérés 15 livres.

Par une précaution rare à cette époque, Boffille ne négligeait pas davantage la police sanitaire de son chef-lieu de gouvernement. Le 28 mars 1487/8, une curieuse affaire fut soumise à son jugement. Un certain Antonin de Montfoix avait autrefois obtenu du trésorier de Roussillon l'autorisation de construire en dedans des fossés et des remparts de la ville, à côté de la porte Notre-Dame, un moulin à blé. Montfoix était mort depuis léguant ce moulin à sa femme qui s'était remariée à Michel de Villesecque, un des hommes d'armes de la compagnie de Boffille. Les consuls de Perpignan prétendaient que ce moulin ne pouvait être conservé à l'endroit où il était sans faire courir à leur cité les plus graves périls; d'après eux, l'eau qui le faisait mouvoir en sortait corrompue et propageait parmi les habitants, surtout en été, des maladies contagieuses. Le vice-roi ordonna une enquête : les médecins qui la firent reconnurent le bien fondé des doléances des consuls. En conséquence, le 8 avril 1487/8, Boffille commanda la démolition de ce moulin [1].

Les émoluments de Boffille comme vice-roi de Roussillon et de Cerdagne étaient annuellement de 2,000 liv. t. [2]. Ils ne lui

---

1. Bibl. nat., ms. fr. 26100, n° 362. (Orig. parch.).
2. *Ibid.*, Coll. Clairambault, t. 963, fol. 323, 2 mentions de quittances; l'une du 25 juin 1479, l'autre du 25 avril 1482. *Ibid.*, ms. fr. 23267, fol. 13, extrait du compte d'Antoine Bayart, receveur général de

étaient pas payés très régulièrement ; ainsi, quand il fut relevé de ses fonctions, on ne lui versa la portion de ses gages due au 25 juillet 1491 que le 15 janvier 1492[1]. Du reste, il n'était pas seul dans ce cas si fréquent sous l'ancien régime ; un des lieutenants de Boffille, nommé Colemarie, recevait le 8 septembre 1490, 60 livres (monnaie de Perpignan) que le roi lui avait données « pour le reculement d'un quartier de sa pension de l'année finie le derrenier jour de decembre, derrenier passé qui est de 240 livres par an[2] ».

Accablé par sa destitution et par la disgrâce qui la suivit, Boffille renonça de nouveau à la France ; mais par une illusion singulière chez un homme aussi intelligent, il crut ou se persuada que le double refus de la Seigneurie de Venise ne tirait pas à conséquence ou n'était pas définitif et il brigua une troisième fois la capitainerie générale de la République.

Le 9 janvier 1491/2, le doge, après avoir rappelé au Sénat les précédentes démarches de Boffille et l'accueil que la Seigneurie leur avait fait, exposait au Sénat qu'Urbain, son agent, était revenu et sollicitait plus vivement encore qu'à tous ses autres voyages une réponse catégorique. Les Conseillers du doge, les Sages du conseil et les Sages de terre ferme prirent ensuite la parole au nom du Collège : il n'y avait pas lieu, dirent-ils, de modifier la résolution à laquelle le Sénat, après mûre délibération, s'était rangé autrefois ; ils proposaient donc de faire réitérer à Urbain, par l'organe du doge, les mêmes protestations d'affection et d'estime pour son maître ; il lui expliquerait qu'aucun changement n'étant survenu depuis en Italie, les mêmes considérations qui ont empêché la Seigneurie de donner suite à ses demandes subsistent toujours. Cette proposition réunit cent soixante suffrages ; il y eut quatre votes contraires et six abstentions[3].

Cette fois Boffille comprit et n'insista plus. La Seigneurie

Languedoc, Lyonnais, Forez et Beaujolais du 1er septembre 1485 au 31 août 1486.

1. Bibl. nat., ms. fr. 22449, fol. 27.
2. Ibid., ms fr. 26102, n° 588 (Orig. parch.)
3. Arch. de Venise, Senato, Delib. secr., t. XXXIV, fol. 107 v°.

n'eut pas à regretter de l'avoir éconduit ; si elle conservait encore quelques doutes sur l'importance du personnage, elle fut bientôt éclairée. Au mois de mai 1492, elle recommanda à Zacharie Contarini et François Capello, ses ambassadeurs, qui allaient remplacer en France Stella, de présenter à Boffille ses compliments, de s'informer en même temps de sa situation à la cour de France et de vérifier s'il n'y exagérait pas son influence. Contarini, à son retour, lut au Sénat la curieuse et bien connue relation qui dans le recueil d'Albéri ouvre la série des relations françaises [1] ; il énumère dans une rapide revue les principaux personnages de l'entourage de Charles VIII et les peint d'un trait en quelques lignes. Arrivé au comte de Castres : « Nous n'avons pas vu Monseigneur Boffille, dit-il, mais à ce qu'on nous a donné à entendre, il est perdu de réputation et le crédit dont il jouissait sur le feu roi est usé ».

Il allait rencontrer dans sa vie privée de plus dures traverses encore. A peine était-il délivré de son procès avec Jean d'Armagnac et redevenu par sa mort (1493) libre possesseur du comté de Castres, que sa femme et sa fille se liguaient contre lui. Deux simples écuyers, Charles et Jean de Montferrand, « par soubtils moyens et voyes exquises, perverses et malicieuses », s'introduisirent, à la fin de l'année 1493, dans les châteaux de Roquecourbe et de Lombers [2], et ils induisirent « par subornation » la femme de Boffille, Marie d'Albret, à donner en mariage Louise, fille unique du comte, « qui n'estoit encore de âge d'estre mariée », contre la volonté du père, à Jean de Montferrand. Afin d'exécuter leurs « maulvais et pernicieux propos », ils s'emparèrent « desdictes places de Lombers et de Roquecourbe » et ravirent tous les biens de Boffille, « comme vaisselle d'argent en grant nombre et quantité, chaynes d'or, bagues et aultres precieulx joyaux jusques à la somme de cent mille francs et plus ». Le comte de Castres

---

1. Albéri, *Le relazioni degli ambasciatori veneti al Senato*, série I, t. IV, p. 21.
2. Tarn. Arr. d'Albi, canton de Réalmont.

implora alors la protection du roi et en impétra des lettres de commission adressées au sénéchal de Carcassonne et lui mandant « de proceder à la reintegration desdictes places en faveur de Boffille ». Marie d'Albret et les Montferrand feignirent de se soumettre et, le 3 mai 1494[1], était réalisée la convention de Lombers par laquelle Louis de Lart, sénéchal de Castres, procureur de Boffille, pardonnait ses torts à Marie d'Albret et la constituait gouvernante du comté, à la condition que les Montferrand rendraient à son mari Roquecourbe et Lombers, et qu'on dédommagerait le sénéchal de Castres des dépenses qu'il avait supportées en s'efforçant de recouvrer ces deux châteaux. Boffille ratifia ces articles à Lyon le 15 mai[2]. Mais ses adversaires n'avaient accepté cette transaction que pour gagner du temps et attendre que Louise soit en âge « de povoir contraher mariage ». Le moment atteint, le mariage fut consommé sans retard. Dès lors, ils refusèrent d'exécuter la transaction du 3 mai ; ils se cantonnèrent dans le château de Lombers « en façon d'ostillité, en avictaillant ladicte place des biens des pauvres gens..... se sont parforcés d'entrer dedans la ville de Lombers pour les habitants d'icelle ville, piller et desrober, et ont fait tirer artillerie contre les habitants de la dicte ville de Lombers ». Outré de tant de perfidie unie à tant de désobéissance, Boffille, pendant qu'il fait appel à son beau-frère[3], qui le secourt de sa fortune et de ses troupes pour reconquérir son comté, invoque une deuxième fois l'appui de Charles VIII. Le roi fait expédier, le 20 septembre 1494 (Montalban), un mandement par lequel il ordonne au sénéchal de Carcassonne d'ajourner devant lui Marie d'Albret, les Montferrand et leurs complices, et de réintégrer le comte de Castres en possession de toutes les places et des biens qui lui avaient été volés[4].

1. Dom Vaissete, *op. cit.*, t. V, p. 65.
2. *Ibid.*, p. 63. Arch. des Basses-Pyrénées, E 145. Bib. nat.; Coll. de Languedoc, t. XC, fol. 234.
3. Luchaire, *op. cit.*, p. 212.
4. Arch. des Basses-Pyrénées, E 145. Ce mandement, qui nous a fourni la plupart des détails qui précèdent et nous a permis de distinguer les deux

Là ne se borna pas le ressentiment du comte de Castres; il se décida à déshériter sa fille. Le 22 septembre de la même année, par acte daté de Castres, dans la maison de la trésorerie du comté [1], il fit donation entre vifs à Alain d'Albret dudit comté. Dans le long préambule où Boffille expose les motifs qui l'ont amené à cette détermination, il rappelle les indignes procédés de sa femme et de sa fille envers lui; comment, au mépris de sa volonté bien connue, Marie d'Albret a consenti au mariage de sa fille avec Jean de Montferrand, dont la naissance est bien inférieure à la sienne; comment, avec l'aide de ce Jean de Montferrand et de son frère, elles ont dévalisé une grande partie de ses meubles et de son argenterie. Dans l'extrémité où il avait été réduit, il n'avait trouvé de secours qu'auprès de son beau-frère, Alain d'Albret, qui, en bon frère et fidèle ami, n'avait rien épargné pour lui faire recouvrer les possessions dont il avait été dépouillé. Il évaluait ses dépenses en ce faisant à plus de 100,000 écus. En conséquence, eu égard d'un côté à l'ingratitude de sa femme et de sa fille, et de l'autre au dévouement de son beau-frère, il déshéritait les deux premières; il ne laissait à sa fille qu'une légitime de 6,000 livres une fois payée, tandis qu'il cédait à Alain d'Albret et à ses successeurs le comté de Castres avec les baronnies de Roquecourbe, Lombers, Curvale [2], Lézignan et Lacaune [3]. Cette cession n'allait pas sans quelques restrictions : d'abord, Boffille se réservait sa vie durant le titre de comte de Castres et la jouissance du comté; puis, une rente perpétuelle de 1,500 livres et le titre de vicomte seraient attribués à son fils bâtard, François de Juge; Louis de Lart, sénéchal de Castres, obte-

---

interventions royales, est contenu dans un vidimus de Jean de Lévis, « mareschal de la foy, seneschal de Carcassonne », en date du 1er octobre 1494. On trouvera dans ce vidimus les noms des principaux complices des Montferrand. La réinstallation de Boffille dans ces deux places ne dut pas s'effectuer avant le mois d'avril 1495. Le procès-verbal qu'en fit le sénéchal de Carcassonne est du 22 avril 1495 (*ibid.*, E 145).

1. Arch. des Basses-Pyrénées, E 145 (orig.). Cf. Bib. nat., Coll. de Languedoc, t. XC, fol. 216 (Copie du dix-huitième siècle).
2. Tarn. Arr. d'Albi, canton d'Alban.
3. *Ibid.*; Arr. de Castres.

naît 300 livres de rente ; enfin, Antoinette, la fille illégitime du testateur, recevait 300 livres pour se marier[1].

Les avantages que Boffille s'étaient ménagés ne lui suffirent pas ; il se plaignit que l'usufruit du comté de Castres était de si modique valeur[2] qu'il ne pouvait soutenir sa famille, et il convint avec Alain d'Albret, qui paraît y avoir consenti sans difficulté, de changer cet usufruit contre une rente annuelle de 8,000 livres, assise sur les terres de Nérac, Casteljaloux[3], Mas-d'Agenais[4], Milhau, etc. Le 15 mars 1498[5], étant à Roquecourbe, Boffille, qualifié d'illustre prince (*inclytus princeps*) donnait procuration à plusieurs personnages, parmi lesquels figure François de Juge, pour réaliser cet échange.

Le roi garantit aussitôt cette cession. Le 13 août 1498[6], Louis XII annonçait à la Chambre des comptes qu'il avait fait le même jour remise à Alain d'Albret des droits de rachat et des autres droits seigneuriaux qu'il pouvait devoir à la couronne par suite du transport que son beau-frère Boffille lui avait fait du comté de Castres. Par la même lettre, le roi informait la Cour qu'il tenait Boffille quitte de « tous les arreraiges, fruiz et levées par luy prins et perceuz de la terre et seigneurie de Saint-Supplice, esquelz il a esté condempné » envers le trésor par arrêt du Parlement de Toulouse. Ce don royal terminait un vieux litige.

La seigneurie de Saint-Sulpice, sur laquelle avait été constituée la dot de Marie d'Albret, avait été assignée, en 1461, par Charles VII à la maison d'Albret, en échange d'une rente

---

1. Cet acte contenait quelques autres dispositions secondaires qu'il nous paraît peu intéressant de mentionner.

2. En 1479, le revenu du comté de Castres était évalué à 7,000 livres. Voir B. de Mandrot, *Jacques d'Armagnac, duc de Nemours*, dans *Revue historique*, t. XLIII (juillet-août 1890), p. 282, note 5. Sur le revenu du comté de Castres, voir aussi de Maulde, *Procédures politiques*, etc., p. LXXXI, note 4, et p. LXVXII, note 4, et Luchaire, op. cit., p. 228.

3. Lot-et-Garonne. Arr. de Nérac.

4. *Ibid.*, Arr. de Marmande.

5. Arch. des Basses-Pyrénées, E 165 (Orig. et Cop.).

6. Bibl. nat., ms. fr. 10236, fol. 55 (Orig. pap.).

annuelle de 1,000 livres et d'une somme de 27,000 livres dont le roi était débiteur envers elle. Les d'Albret jouirent de cette seigneurie sans opposition jusqu'à ce que le comte de Boulogne y prétendît des droits et que le comte de Nevers la revendiquât comme lui ayant été engagée pour 4,000 écus d'or. Le Parlement de Toulouse débouta le premier de sa demande; mais les réclamations du comte de Nevers étaient mieux établies, et, provisoirement, la seigneurie de Saint-Sulpice fut mise sous séquestre. C'est sur ces entrefaites qu'Alain d'Albret céda à sa sœur et à Boffille de Juge tous ses droits sur Saint-Sulpice, et Louis XI, en faveur de leur mariage, ratifia cette transmission. Néanmoins le procureur du roi ne cessa de les inquiéter. Au mois d'août 1491[1], Charles VIII, à la requête des conjoints, considérant que les d'Albret n'avaient reçu aucune compensation pour les 1,000 livres de rente et les 27,000 livres dues par son aïeul, les réinstalla en possession de cette terre, tout en faisant ses restrictions quant aux prétentions du comte de Nevers. Il est probable que Boffille avait continué pendant la mainmise du roi à percevoir les revenus de la terre en question, et que la cour de Toulouse l'avait condamné à les restituer. Il s'y refusait, quand la lettre de Louis XII vint trancher le différend à son profit.

Quelques mois après avoir renoncé à son comté, Boffille faisait son testament. Par cet acte, dressé à Roquecourbe le 18 octobre 1499[2], le comte de Castres exprimait le désir d'être enterré dans le chœur de l'église conventuelle de Saint-Vincent de Castres, où on lui élèverait un tombeau de marbre sur lequel seraient gravés ses armes et son nom, d'une valeur de 100 livres. Il faisait ensuite plusieurs legs à des bonnes œuvres, à des églises ou des couvents; il laissait à son fils, François de Juge, des tapisseries en quantité suffisante pour orner sa maison, et à Jeanne, fille bâtarde de Vecho Garache,

---

1. Arch. nat., JJ 226b, fol. 8 v°. C'est cette lettre patente qui nous fournit tous les détails qui précèdent.
2. Archives des Basses-Pyrénées, E 445 (Copie sur papier).

ancien châtelain de Lombers, 200 livres pour se marier et les vêtements et joyaux nécessaires. Enfin, il confirme l'acte du 22 septembre 1494, par lequel il abandonnait tous ses biens à Alain d'Albret. Les termes de cette confirmation sont d'une telle violence, qu'il est permis de croire que la colère du vieillard envers sa femme et sa fille n'avait fait qu'empirer.

Ce testament prouve que, contrairement à l'opinion de Dom Vaissete[1] et de M. Luchaire[2], Bofille ne mourut pas en 1497; ces deux auteurs placent également à tort son décès dans l'année même où il rédigea son testament. Il y survécut en réalité près de trois ans. La *Revue historique du Tarn*[3] a publié un article anonyme, d'où il ressort péremptoirement que le comte de Castres cessa de vivre à Roquecourbe dans les premiers jours du mois d'août 1502, probablement le 10 ou le 11. On trouvera dans cet article les curieux incidents auxquels ses funérailles donnèrent lieu à Castres, et les contestations que le sénéchal de la ville eut à cette occasion avec les chanoines de la cathédrale qui, animés sans doute contre Bofille du même esprit d'insubordination que leur ancien évêque, songèrent à lui dénier les honneurs funèbres dus à leur comte.

Suivant les prescriptions de son testament, Bofille fut inhumé dans l'église de Saint-Vincent, à droite du maître-autel, et on fit inscrire sur son tombeau de marbre, comme il l'avait souhaité, ses armes, une épitaphe et son nom.

1. *Op. cit.*, t. V, p. 163.
2. *Op. cit.*, p. 243.
3. T. III (1880-1), p. 286-8.

P.-M. PERRET.

www.ingramcontent.com/pod-product-compliance
Lightning Source LLC
LaVergne TN
LVHW051455090426
835512LV00010B/2162